Samuel Paty

Un procès pour l'avenir

Des mêmes auteurs

Valérie Igounet, Guy Le Besnerais, *Crayon noir. Samuel Paty, histoire d'un prof*, StudioFact Éditions, 2023.

Valérie Igounet, Jacky Schwartzmann, Lara, Morgan Navarro, *Ils sont partout, Voyage en terres conspirationnistes*, Les Arènes, 2022.

Valérie Igounet, *Le négationnisme* en France, PUF, coll. « Que sais-je ? », 2020.

VALÉRIE IGOUNET
GAËLLE PATY

Dessins de Guy Le Besnerais

Samuel Paty
Un procès pour l'avenir

Flammarion

978-2-0804-9797-0

Nous dédions ce livre à toutes les personnes qui ont souffert et souffrent encore aujourd'hui de l'attentat terroriste contre Samuel Paty.
Nous pensons notamment à sa famille, en particulier à son fils, à ses anciens collègues, aux élèves du collège du Bois-d'Aulne à Conflans-Sainte-Honorine (Yvelines), rebaptisé collège Samuel Paty en mars 2025, et à leurs parents, et plus largement à toutes les personnes qui ont été impliquées, contre leur gré, dans ce drame.
Nous espérons que le processus judiciaire les aura aidés à dépasser ce traumatisme.

« Il faut se méfier de laisser du vide,
parce que les gens le remplissent. »

Jean-Pierre Bacri.

« Si nous sommes cernés par tous les terrorismes
Ceux du son de la haine ou ceux de nos fascismes
S'il faut plus qu'une armée pour protéger nos livres
On ne combat jamais mieux qu'en ouvrant des livres. »

« L'oiseau Liberté », titre d'une chanson de Damien Saez.

AVANT-PROPOS

de Valérie Igounet et Guy Le Besnerais

Pourquoi écrire quatre ans après les faits le déroulé d'un procès pour terrorisme filmé pour l'Histoire, le premier concernant une « fatwa numérique » ?

Ce furent sept semaines d'audience dans la grande salle de la cour d'assises spéciale de Paris pendant lesquelles les proches de Samuel Paty, ses collègues, des policiers, des professionnels de la sous-direction antiterroriste (SDAT) et de la Direction générale de la sécurité intérieure (DGSI), de nombreux témoins cités par la partie civile et la défense, les avocats et les huit adultes accusés d'être impliqués dans l'assassinat de l'enseignant se sont retrouvés face à la barre du tribunal ou derrière la vitre de leur box pour raconter leurs versions des faits.

Des témoignages forts, vécus avec intensité ; d'autres déroutants, suivis de désillusions ou, au contraire, d'illusions.

Presque chaque jour, Guy et moi nous sommes rendus au Palais de justice de l'île de la Cité pour les écouter et les regarder. Nous avons vécu et ressenti « en direct » les prises de parole d'hommes et de femmes devant la cour. Un procès placé sous haute surveillance : cars de police, barrières antiémeutes et portillons de sécurité bloquaient l'accès au Palais, gendarmes armés dans le hall d'accès et dans la salle d'audience.

Avec ce procès, une page importante se tourne : la justice française s'est prononcée. Mais l'histoire de Samuel Paty est loin d'être terminée. Et pour nous, auteurs en 2023 de *Crayon noir. Samuel Paty, histoire d'un prof,* il est apparu comme une évidence de « poursuivre » ce premier livre avec ce procès, ce moment fondamental qui décortique l'histoire d'un crime. Un procès qui doit rendre justice à un homme, à ses proches, aux enseignants. Mais pas seulement à eux : cet attentat terroriste a traumatisé la France entière.

Nous vous proposons de plonger dans les méandres du procès de l'attentat de Samuel Paty d'une façon singulière. J'écris le texte relatant l'audition. Guy dessine et Gaëlle réagit. Cet ouvrage à trois voix s'articule autour de certains moments forts. *Samuel Paty. Un procès pour l'avenir* revient ainsi sur des éléments et des dépositions centrales, rend compte de l'intensité de diverses audiences, décrit des faits et pose des questions fondamentales pour celles et ceux qui veulent saisir les rouages essentiels de ce procès sociétal et générationnel qui a brassé des thématiques au centre de nos vies de citoyens dont certaines sont fondatrices de nos valeurs républicaines : l'islamisme, le djihadisme, l'endoctrinement, le mensonge, la liberté d'expression et d'opinion, la question du blasphème, l'école, la laïcité et la démocratie. Ce livre se projette dans l'avenir pour envisager les « enseignements » de cet atroce événement alors que la liberté de s'exprimer est aujourd'hui plus que jamais menacée.

Saisir le sens d'un tel procès en le vivant au quotidien, c'est continuer à penser, à rendre hommage à Samuel Paty assassiné dans l'exercice de ses fonctions. Relater, dessiner et réagir à cette histoire avec notre sensibilité, c'est nous adresser à ses proches, au monde éducatif, à un maximum d'élèves de France et à tant d'autres personnes encore. Revenir sur les dangers et la complexité des réseaux sociaux (dispersion, relais et suppression des messages, diversité des plates-formes et migrations entre elles, etc.), c'est traiter de sujets capitaux pour notre humanité, pour les générations actuelles et futures, conscients que dans l'engrenage fatal qui a eu lieu, certains élèves occupent une place majeure et ont été utilisés dans un but criminel. Donner à voir, enfin, le rôle et le fonctionnement de la Justice française face au terrorisme, c'est aborder la réponse judiciaire à une attaque qui, par nature, dépasse l'expérience propre des accusés et des victimes puisqu'elle vise la société tout entière.

« Raconter, c'est empêcher que la mort ait le dernier mot. » Cette phrase de l'écrivain Yannick Haenel ouvrait *Crayon noir.* Elle nous guidera pour ce livre.

AVANT-PROPOS

de Gaëlle Paty

20 décembre 2024, un peu après 21 heures, je sors du Palais de justice, accompagnée de mes filles, escortée par les gendarmes à travers des couloirs dérobés, à l'abri de la colère des familles des accusés, jusqu'à l'air glacial des quais de Seine de ce vendredi soir, quelques jours avant Noël. C'est fini ! Je peux rentrer chez moi et reprendre ma vie là où je l'ai laissée il y a quatre ans…

Non, ce n'est pas possible, je ne peux pas quitter ces sept semaines d'audience intenses, ces quatre années de souffrances, comme cela… Très vite, l'idée de participer à un livre sur ce procès s'est imposée à moi. L'envie d'y revenir et de détricoter ce qui s'est passé pendant ces longues semaines est devenue une nécessité pour pouvoir réellement tourner cette page et en attaquer une nouvelle.

Qu'ai-je traversé pendant ce procès ? Quelles émotions complexes et contradictoires m'ont assaillie ? Qu'est-ce que j'attendais vraiment de ce procès et qu'ai-je obtenu en retour ? Qu'ai-je appris sur moi, sur les autres et sur cette place de victime que la société m'a imposée ?

J'ai assisté à l'intégralité du procès, sept semaines à Paris, à huit cents kilomètres de chez moi, de ma famille, de mon travail d'enseignante, d'une vie « normale » qui a basculé dans l'« anormalité » il y a quatre ans, le 16 octobre 2020. C'était un choix de rester pour la totalité du procès, un choix qui s'est imposé à moi il y a un an, à l'issue de l'audience des mineurs fin 2023. Je me devais d'être là, tous les jours, pour Samuel, pour modestement essayer de le représenter face à des accusés qui allaient nier en bloc leurs responsabilités.

Sept semaines de procès, c'est long, c'est extrêmement long, avec des journées à rallonge, des nuits dans un logement sans grand confort, des repas jamais « faits maison », l'absence de lumière du jour, l'absence de relations sociales autres que celles du procès, l'absence d'activité physique, des journées assises sur un banc pendant plus de huit heures. Ce fut un marathon physique, émotionnel, qui s'est achevé par un épuisement intense et une bronchite carabinée qui a duré plus de trois mois.

Et c'est avec Valérie et Guy que j'ai souhaité me lancer dans cette nouvelle aventure. Pourquoi eux ? Parce qu'ils sont devenus des amis depuis la sortie de Crayon noir *? Parce qu'ils ont assisté à la quasi-totalité du procès, à ces innombrables heures de mensonges et de dénégations ? Parce qu'ils ont toujours été là pour nous soutenir, nous la famille de Samuel, avec beaucoup de bienveillance et de retenue ? Oui, pour toutes ces raisons, mais surtout parce qu'ils ont compris dès le départ qu'après le drame, l'enjeu sera désormais de raconter la réalité des faits. La cabale contre mon frère a commencé par le mensonge d'une collégienne, et des rumeurs mensongères qui ont essaimé dans le collège et contribué à le faire désigner au terroriste. Puis, après l'attentat, des récits parallèles ont continué à circuler sur les réseaux sociaux, tandis que d'autres versions tronquées étaient étalées dans des livres à scandale ou sur des plateaux télé. Valérie et Guy ont eu cette idée géniale de raconter les faits tels qu'ils s'étaient déroulés, en se basant sur des traces écrites ou des interviews vérifiées.* Crayon noir *est aujourd'hui le seul outil pour raconter l'histoire de ce qui est réellement arrivé à Samuel, c'est un outil précieux. Ce livre sur le procès, que nous souhaitons écrire à trois voix, comme un dialogue intime entre personnes qui ont assisté aux mêmes journées d'audience, chacun avec son prisme d'analyse, sera une façon de clore ce chapitre, de rétablir la vérité des faits, pour enfin dépasser le choc et la sidération, et commencer à tirer les leçons de ce drame.*

AVERTISSEMENT

Samuel Paty. Un procès pour l'avenir écrit par Valérie Igounet et illustré par Guy Le Besnerais doit être considéré comme un livre d'histoire, complété par le témoignage de la sœur cadette de Samuel Paty, Gaëlle, présente chaque jour au procès. Les propos des personnes entendues lors des audiences successives (témoins, accusés, avocats) sont repris mot pour mot (fautes de grammaire comprises). Leurs attitudes, souvent leurs visages, sont représentés dans un dessin, assorti d'une de leurs paroles. La captation officielle étant archivée pour l'Histoire, tout enregistrement audio ou vidéo de l'audience est interdit. Certains témoignages et dessins ont été complétés en consultant d'autres sources.

Il était nécessaire de sélectionner les récits. Certains choix se sont imposés d'eux-mêmes, se révélant indispensables par rapport à l'identité et aux rôles des auteurs dans l'histoire de l'attentat. D'autres ont été effectués pour des raisons éthiques et personnelles. Enfin, des témoignages nous ont marqués plus que d'autres.

Les situations professionnelles ou personnelles, mentionnées pour la présentation de chaque témoin et accusé, correspondent à l'époque des faits.

Les entretiens qui figurent à la fin du livre ont été relus et validés par les trois personnes interrogées.

LE PROCÈS

Samuel Paty

Dans l'après-midi du 16 octobre 2020, Samuel Paty est décapité par un islamiste tchétchène à quelques pas du collège du Bois-d'Aulne où il enseignait. Il venait d'avoir 47 ans. L'enseignant d'histoire-géographie et d'enseignement moral et civique (EMC) était père d'un petit garçon. Il aimait la musique, le rock des années 1980, était passionné d'histoire, appréciait la poésie, lisait Baudelaire, Balzac, Maupassant, Zola, Flaubert et Julien Green. Il était fasciné par les couleurs, surtout le noir, à tel point qu'il lui avait consacré un mémoire universitaire. Il jouait aux échecs. Au tennis et au ping-pong aussi. Dans la salle des professeurs, il déambulait souvent avec sa tasse « Star Wars » à la main. Ses élèves l'appréciaient pour son enseignement… et pour ses blagues « foireuses », consignées sur un carnet, qu'il leur délivrait lors de certains cours. « Était-il à part ? Peut-être. En tout cas, pas dans la norme des enseignants. Le terre à terre ne l'intéressait pas. Ce qui l'intéressait, c'était de jouer au ping-pong et de parler philosophie plutôt que de lui », le décrit une de ses anciennes collègues.

Le 21 octobre 2020, Samuel Paty reçoit les palmes académiques et la Légion d'honneur à titre posthume lors d'une cérémonie d'hommage national, organisée dans la cour de la Sorbonne à Paris.

En novembre 2023 s'est déroulé à huis clos le procès des six collégiens mineurs mis en cause dans l'assassinat de Samuel Paty. Cinq sont jugés pour « association de malfaiteurs en vue de préparer des violences aggravées ». La collégienne accusée d'avoir menti et porté de fausses accusations contre l'enseignant l'est pour « dénonciation calomnieuse ». Elle est condamnée à dix-huit mois de prison avec sursis.

Quatre des cinq collégiens ayant désigné leur professeur au terroriste ont été condamnés à des peines allant de quatorze à dix-huit mois de prison avec sursis probatoire ; le cinquième à vingt-quatre mois, dont six mois ferme aménagés avec port de bracelet électronique.

Un mois avant ce procès, un autre enseignant a été assassiné dans l'exercice de ses fonctions lors d'un attentat terroriste. Dominique Bernard, 57 ans, professeur de français, a été poignardé à mort le 13 octobre 2023 devant la cité scolaire dans laquelle il enseignait à Arras par un de ses anciens élèves radicalisé.

L'ouverture du procès

Le 4 novembre 2024 s'ouvre le procès de l'assassinat de Samuel Paty. Cinq accusés sont dans le box. Trois autres comparaissent libres. « Les débats vont se dérouler d'aujourd'hui jusqu'au 20 décembre. La première semaine sera consacrée à la présentation générale des faits, à la présentation des accusés et à la présentation générale de l'enquête et dans quel contexte sont survenus les faits », indique le président de la cour Franck Zientara. La famille de Samuel Paty sera entendue en fin de semaine.

Franck Zientara procède à la première des mesures procédurales qui ouvrent traditionnellement les procès d'assises : la vérification d'identité des accusés. L'après-midi est consacrée à la lecture du rapport du président de la cour qui présente en détail les faits à juger. La salle d'audience est pleine.

« Le 16 octobre 2020, peu avant 17 heures, un équipage de la police municipale de Conflans-Sainte-Honorine chargé de la sécurisation de la sortie des classes au collège du Bois-d'Aulne était informé par un couple d'automobilistes qu'une attaque mortelle avait lieu à Éragny-sur-Oise. À leur arrivée au 39-41 rue du Buisson-Moineau de ladite ville, les policiers municipaux constataient la présence d'un individu âgé d'environ 18 ans, habillé en noir, à proximité d'un corps décapité [...] qui les menaçait en avançant vers eux en pointant une arme de poing, commence le président de la cour d'assises. Samuel Paty a été assassiné entre 16 h 50 et 16 h 55. L'assaillant, identifié comme étant Abdoullakh Anzorov, né le 12 mars 2002 à Moscou, a été neutralisé peu après les faits par la police. »

Le président de la cour poursuit. Il rappelle que cette histoire a débuté avec le mensonge d'une élève de Samuel Paty, relayé en premier lieu par son père, et précise les raisons pour lesquelles les huit accusés sont renvoyés devant cette cour. Le 5 novembre s'effectue l'examen du parcours de chacun des accusés. Les premiers jours sont notamment consacrés à l'appel des témoins, des experts et des parties civiles. Nous assistons également aux « interrogatoires de CV » des différents accusés

– une sorte de phase préliminaire qui appréhende la personnalité de la personne mise en examen dans une affaire criminelle – et à plusieurs auditions, notamment des enquêteurs de la SDAT.

Le président de la cour fait part du planning de la suite du procès : « La deuxième semaine sera consacrée à l'auteur de l'assassinat, Abdoullakh Anzorov, tué le jour des faits. » Lors de celle-ci et de la troisième semaine, la cour se penchera sur l'éventuelle complicité des deux amis du terroriste (Naïm Boudaoud et Azim Epsirkhanov) et en semaines trois et quatre, sur Brahim Chnina et Abdelhakim Sefrioui avec comme point d'ancrage les vidéos qu'ils ont réalisées. La semaine cinq, elle, examinera l'éventuelle complicité de la djihadosphère (Yusuf Cinar, Ismaël Gamaev, Louqmane Ingar et Priscilla Mangel).

Quatre-vingt-dix-huit témoins sont cités à comparaître, dont 53 par le Parquet national antiterroriste (PNAT) et 18 experts. Plusieurs policiers témoins vont être entendus en visioconférence, « visage flouté et voix modifiée », indique l'huissier. Vingt-quatre témoins des parties civiles ont été enregistrés. Une des particularités de ce procès, parmi tant d'autres : l'assassin est absent du banc des accusés.

Des lycéens se rendent à une audience du procès de l'assassinat de Samuel Paty au Palais de justice de Paris.

C'est très impressionnant une salle d'audience aussi grande, aussi sécurisée, à laquelle on ne peut accéder qu'après deux portiques de sécurité, dans laquelle de nombreux professionnels œuvrent pour que tout se passe bien ! J'en garde néanmoins avant tout le souvenir ému de rencontres aussi lumineuses qu'inattendues, qui m'ont confortée dans ma foi en l'humanité malgré les horreurs qui ont été entendues pendant ces sept semaines. La bienveillance des gendarmes qui œuvrent pour la sécurité de la salle, le soutien sans faille des personnels en charge de l'aide aux victimes, les complicités qui se créent avec les journalistes présents tous les jours à l'audience, le réconfort mutuel entre parties civiles… Beaucoup d'humanité malgré tout. C'est aussi cela un procès.

Salle des grands procès du Palais de justice de Paris

PARTIE 1

Audition des parties civiles et des professionnels qui ont contribué à l'enquête

8 novembre 2024

Cet après-midi, Mickaëlle Paty, la benjamine de la fratrie, s'avance pour s'asseoir au premier rang d'une rangée de la salle réservée à la partie civile comme elle le fera systématiquement les jours pendant lesquels elle assiste au procès. Un espace sépare les deux sœurs. Gaëlle est installée de l'autre côté, entourée en ce quatrième jour d'audience de son mari et de leurs deux filles. Des enseignants du collège du Bois-d'Aulne sont derrière eux, comme ils le seront tout au long du procès. En ce jour de déposition de la famille Paty, d'autres se sont pressés à côté de Gaëlle : l'ex-compagne de Samuel Paty, leur fils ainsi que la mère de l'enseignant, Bernadette.

Extraits de la déposition de Bernadette Paty

Conseil : maître Virginie Le Roy qui représente également l'époux de Bernadette, Jean Paty.

C'est la première de la famille Paty à s'exprimer. La mère de Samuel Paty arrive de Moulins pour faire sa déposition. Elle s'avance doucement vers la barre. Elle est fatiguée mais déterminée. Elle sort une feuille sur laquelle est inscrit le texte qu'elle s'apprête à lire. Sa voix est calme et ferme. Elle va résonner pendant de longues minutes dans un silence de plomb.

Bernadette est là pour raconter des bribes d'histoire de la vie et de la personnalité de son fils. Très jeune, il « adorait les livres » et éprouvait une « passion dévorante pour l'histoire. C'était un intellectuel, dit-elle en souriant, non croyant et très respectueux de toutes les religions qu'il étudiait avec un regard d'historien. Je me souviens. Nous lui avions rapporté Le Coran de Tunis. Samuel était un laïc apaisé ».

L'histoire du soir avant qu'il ne s'endorme était singulière pour un petit garçon : c'était l'histoire de France contée par Jean, son père mais également son professeur en classes de CM1 et de CM2. « Samuel était très respectueux, il l'appelait "maître" en cours », se souvient Bernadette, elle aussi ancienne enseignante.

Puis 2020 arrive. Ce sont les vacances d'été. Nous sommes chez Jean et Bernadette. Elle revoit « Samuel à la maison avec son fils. Il m'avait expliqué qu'il préparait un cours sur la liberté d'expression dans lequel il allait montrer des caricatures de *Charlie Hebdo* ». Ses parents n'ont jamais su qu'il avait eu des ennuis depuis qu'il avait fait ce cours. Elle ajoute : « Je suis contente d'être en retraite parce qu'à l'heure actuelle, les enseignants sont contestés. Même en français ! C'est quelque chose qui m'exaspère. On conteste, et on menace. Avec mon époux, on a fini notre carrière dans un quartier de HLM. Il y avait surtout des maghrébins et jamais il n'y a eu de contestation. Je ne comprends plus le monde dans lequel on vit... »

Cette soirée du 16 octobre 2020, Jean et elle sont chez eux devant la télé pour suivre les informations. À la fin, se remémore-t-elle, un « bandeau est passé indiquant qu'un professeur avait été agressé à la sortie de son collège. Puis, au bout d'un moment, c'était un professeur d'histoire-géographie... Et, cinq minutes après, c'était Samuel P. ». Elle appelle l'ex-compagne de Samuel Paty qui se trouve dans une détresse similaire. Un policier joint les parents de l'enseignant après minuit. C'est par téléphone qu'ils sont donc « prévenus officiellement » et apprennent que leur fils a été décapité quelques heures plus tôt. Le lendemain matin, c'est le directeur de cabinet d'Emmanuel Macron qui les contacte et leur explique l'organisation des jours à venir. Jean et Bernadette ne vont pas tarder à partir à Paris en voiture officielle.

C'était un intellectuel,
il préférait le débat
d'idées, même avec
sa famille !

Ils s'étaient promis d'être là pour le procès de l'assassinat de leur fils, c'était il y a un peu plus d'un an alors que nous attendions le verdict du procès des mineurs dans une chambre d'hôtel parisienne. Ils s'étaient promis d'être là, mais le sort en a décidé autrement. C'est seule que ma mère vient ce vendredi 8 novembre 2024 expliquer à la barre qui était son fils Samuel et évoquer avec beaucoup de retenue, par petites touches, avec beaucoup de dignité, l'abîme sans fond dans lequel elle est plongée avec mon père depuis quatre ans.

Il n'y a pas de mot quand on perd un enfant… encore moins dans des circonstances si atroces… Bono, le chanteur du groupe de rock irlandais U2, a su les trouver quand nous n'en avions plus. Il nous a écrit une lettre, peu après l'hommage à la Sorbonne où nous avions choisi de passer son titre « One » en ouverture de la cérémonie, clin d'œil à la passion de mon frère pour ce groupe de son adolescence… Je lui laisse la parole :

« There is no end to grief
That's how we know
There is no end to love »

« Il n'y a pas de fin à la douleur,
C'est ainsi que l'on sait
Qu'il n'y a pas de fin à l'amour »

Extraits de la déposition de l'ancienne compagne de Samuel Paty

Conseil : Francis Szpiner en son nom et en qualité de représentant légal de son fils.

Son fils, âgé de 9 ans, est attentif. Après celle de sa grand-mère, il écoute la déposition de sa mère. C'est lui qui désirait être présent, rapporte-t-elle. Souvent, il lui demande « de lui expliquer » ce qu'il s'est passé. Mais comment exprimer l'inexplicable ? Samuel Paty voyait régulièrement son fils. Sa mère et lui habitaient à quelques centaines de mètres de son domicile, donc proches du collège du Bois-d'Aulne et du lieu où s'est déroulé l'attentat.

« Comment fait-on quand on s'appelle Paty pour avoir une scolarité normale ? Avec tout ce qui peut en découler : notamment devoir entendre les paroles de certains de ses camarades d'école à propos de son histoire, de son patronyme ou encore vivre chaque année les exercices d'alerte-attentat. » Leur quotidien s'en trouve totalement affecté jusqu'à des détails terribles. « Tous les jours, je dois me forcer pour manger avec un couteau. Toutes les lames nous renvoient à l'attentat. Nous sommes des victimes indirectes mais la blessure que nous avons reçue ce jour-là est bien réelle. Je me demande ce que fait une telle blessure sur un enfant de 5 ans. C'est tellement injuste. »

Alors, depuis ce 16 octobre 2020, l'ex-compagne de l'enseignant et son fils se trouvent « sur un fil qui tente de [les] mener vers la vie ». Elle doit comprendre « l'incompréhensible pour pouvoir ensuite l'expliquer à [son] fils ».

«C'est pas juste»

Une expression d'enfant qui résonne étrangement dans cette salle d'audience…

Ce vendredi 8 novembre après-midi, toute la salle retient son souffle face à ce petit garçon de 9 ans, assis au premier rang à côté de moi, lui qui ressemble tellement à son père. La collaboratrice de son avocat, maître Szpiner, essuie une larme en le voyant, elle qui ne l'avait jamais vu auparavant. Il est là, il doit l'être pour écouter sa mère évoquer tout en pudeur et avec beaucoup de force sa détresse de ne pouvoir lui offrir une enfance protégée des horreurs du monde. Les « Ne t'inquiète pas » que l'on dit si souvent à nos enfants pour les rassurer ne veulent plus rien dire dans les oreilles de cet enfant confronté à l'inimaginable.

Il doit être là pour forcer les accusés, mais aussi la cour, à regarder en face les conséquences de ce crime. Ce petit garçon doit grandir, se construire et un jour vivre sa vie d'adulte dans un monde où son père est devenu le symbole bien malgré lui de la barbarie islamiste. Face à ce vertige, je me suis sentie totalement désemparée mais aussi pleinement consciente que l'après-procès restera un énorme défi pour accompagner cet enfant.

Après une assiette de frites partagée dans une brasserie à côté du Palais de justice, il est reparti chez lui, les poches pleines des écussons que les gendarmes en charge de la protection de la salle dans un immense élan de tendresse se sont empressés de lui offrir. Rien ne compensera jamais la perte de son père mais, continuons de donner à cet enfant nos plus belles preuves d'humanité. C'est peu mais cela représente beaucoup.

Extraits de la déposition de Gaëlle Paty

Conseil : maître Virginie Le Roy qui représente également son mari et leurs trois enfants.

« Samuel était mon frère aîné, il avait à peine deux ans de plus que moi, autant vous dire qu'on a toujours tout fait ensemble enfants. D'aussi loin que je me souvienne, je l'ai toujours vu lire des livres. En grandissant, ses lectures ont changé mais pas sa passion. Le plus beau cadeau qu'on pouvait faire à mon frère était de lui offrir un ouvrage de la Pléiade.

Il a aussi beaucoup étudié. C'était un homme de savoirs et qui savait transmettre. Je me souviens d'un séjour chez lui lorsqu'il était encore à Lyon, nous avions été visiter le musée des Beaux-Arts de Lyon. Visiter un musée ou un monument historique avec mon frère, c'était toujours une aventure incroyable. Un vrai guide conférencier tout en improvisation. Il était un puits de connaissances et moi j'adorais l'écouter… Je ne sais pas quel professeur il était, car il restait très discret sur cet aspect de sa vie. Je pense qu'il respectait trop ses élèves pour partager ce qu'il vivait en classe dans un dîner de famille.

Samuel était un homme très instruit, très intelligent et qui adorait étudier. Il aurait pu continuer ses études, devenir professeur agrégé, professeur d'université, non il n'a pas souhaité, il a préféré être un simple professeur de collège. Il n'a jamais cherché à être dans la lumière, il n'a jamais cherché à ce qu'on le remarque, la seule chose qui lui importait était de contribuer à former les citoyens de demain. Il voulait transmettre ses savoirs mais aussi développer une capacité à penser par soi-même. Au-delà des connaissances, c'était un homme féru de débats d'idées, c'était même sa manière d'être au quotidien. Il croyait fermement aux valeurs humanistes de notre République, que tout homme ou femme peut trouver sa place dans notre République grâce au savoir et à l'école.

Aujourd'hui, quatre ans après sa mort, quatre ans après son assassinat, il laisse derrière lui une douleur innommable. Je pense avant tout à son fils qui n'avait que 5 ans à l'époque, et qui grandit sans père, ou plutôt avec un père beaucoup trop présent dans l'esprit des gens qui l'entourent. Une fois adulte, s'il le souhaite, je serai là pour lui parler de son père. Je pense évidemment à mes parents qui vivent le drame le plus horrible que puissent vivre des parents : perdre un fils dans des conditions aussi atroces, c'est une horreur absolue, c'est totalement inhumain. Je pense à mes enfants, touchés en plein cœur de leur enfance et de leur adolescence, par l'irruption de l'horreur et du Mal absolu, qui ont perdu à jamais cette insouciance qui caractérise la jeunesse. Je pense aussi à la communauté éducative du collège de Conflans, mais aussi à tous les professeurs qui depuis quatre ans continuent leur mission d'enseignants. Malgré la douleur, malgré la peur, malgré les doutes, ils continuent de former des esprits libres. Ils continuent la mission de Samuel.

Traverser ces quatre années n'a pas été une chose facile pour moi, car c'est l'histoire d'un deuil impossible : comment faire ce deuil alors que le nom de Samuel est partout dans les médias comme dans le cœur de tous. On essaie de reprendre une vie normale, de travailler, de faire des dîners entre amis et de faire comme si. Mais ce n'est pas possible, et ce ne sera jamais possible. Je l'accepte aujourd'hui : l'assassinat de Samuel est constitutif de la personne que je suis aujourd'hui et ça le restera. À moi d'inventer une nouvelle vie avec cette nouvelle identité. La personne que j'étais est morte avec lui, mais pas ses valeurs. Je continuerai de porter haut les valeurs humanistes qui l'animaient, des valeurs d'entraide, de respect et de fraternité, je resterai digne de la mémoire de mon frère Samuel.

Après le temps de l'émotion et de la reconstruction, s'ouvre aujourd'hui pour moi le temps de la justice. C'est un moment que j'attends depuis quatre ans car c'est de la justice que j'attends des réponses, le reste n'est que de l'agitation stérile. Oui je n'attends des réponses que de la justice, mais j'attends qu'elle soit également à la hauteur de l'enjeu. Mon frère ne peut pas avoir été décapité pour rien ! Oui, les responsabilités sont multiples dans ce dossier.

C'est l'histoire d'un deuil impossible.

Quand j'entends que la quasi-totalité des accusés contestent les faits qui leur sont reprochés, je suis profondément choquée ! Je suis en colère et jamais je n'accepterai la moindre excuse de personnes qui ne reconnaissent pas leur responsabilité.

Moi non plus je ne dors plus depuis quatre ans, moi aussi j'ai mal partout depuis quatre ans, moi aussi je prends des médicaments depuis quatre ans. Je demande du respect et de la décence dans ce procès, n'oublions pas le crime horrible qu'on juge aujourd'hui. Et j'aimerais dire aux accusés, à tous les accusés, que sans vous, Samuel serait vivant aujourd'hui et que son fils grandirait avec un père à ses côtés.

Aujourd'hui Samuel n'est plus là, mais il reste tellement présent dans le cœur de tous. Je tiens à parler du prix Samuel-Paty remis chaque année à des projets menés dans les classes avec des professeurs enthousiastes, de l'école élémentaire jusqu'au niveau lycée, en lien avec un thème en rapport avec l'assassinat de Samuel. Pour l'année 2024-2025, en lien avec le procès qui s'ouvre aujourd'hui, nous avons choisi un sujet pour faire réfléchir les jeunes sur la justice : Comment règles et lois nous protègent-elles de l'injustice ?

Très vite, un autre projet a également vu le jour : le roman graphique *Crayon noir*, qui avait une double ambition : raconter avec précision et rigueur journalistique l'enchaînement exact des faits, à l'opposé de la réécriture de l'histoire proposée par beaucoup trop d'ouvrages depuis quatre ans. L'idée géniale qu'ont eue les auteurs et l'éditrice de *Crayon noir* a été de partir sur un format graphique pour que ce livre parle aux collégiens, aux lycéens. Et depuis sa sortie, les auteurs parcourent inlassablement les établissements scolaires, pour raconter, pour expliquer, pour faire vivre Samuel partout dans les classes.

Faire réfléchir les élèves pour qu'ils deviennent des citoyens éclairés, c'était là toute la mission de Samuel. Il croyait fermement aux institutions de ce pays comme socle indispensable pour faire société, il croyait en une école capable de faire réfléchir les élèves pour qu'ils deviennent des citoyens libres de penser, à l'abri des diktats d'opinion déversés dans certains milieux, dans certains médias et sur les réseaux sociaux.

D'autres projets, d'autres actions verront le jour dans l'avenir, j'en suis certaine mais gardons tous à l'esprit qu'il faudra rester digne de l'homme et du professeur qu'était mon frère et de ses valeurs humanistes. Nous devons à Samuel de ne pas céder aux chantres de la récupération politique nauséabonde. Nous le lui devons ! Et moi je vais continuer à soutenir les hommes et les femmes qui continuent de faire vivre Samuel dans toutes les classes de France.

Samuel ne mourra jamais une deuxième fois, j'en fais la promesse. »

C'est la deuxième fois que je dépose à la barre, un an après l'audience des mineurs qui s'est tenue au tribunal pour enfants en décembre 2023. Dans une salle comble, sous les yeux de ma famille, des journalistes, du public et bien sûr des accusés, je dois expliquer à la cour l'homme qu'était mon frère et raconter la vie de ma famille depuis son assassinat. Les mots ne seront jamais à la hauteur, ils ne feront qu'esquisser ce que j'ai envie de dire, de crier, de hurler à la face du monde.

Ma première déposition, un an avant, dans une audience à huis clos, a été bien différente. Pour la première fois, j'ai pu dire à la juge, devant mes parents, devant mes enfants, ce que ma vie était devenue : un long chemin de douleurs, de cauchemars, et de pensées noires. Ils ont fait de même. C'était la première fois que nous arrivions à dire aux autres membres de la famille ce que nous traversions vraiment. On ne voulait tellement pas rajouter de poids à la souffrance des uns et des autres, que nous avions tout gardé, au plus profond de nous, enfermé chacun en nous-même… Ce fut dur, intense et j'ai beaucoup pleuré, enfin…

Ce vendredi 8 novembre, à l'issue de ma déposition, le président de la cour me questionne sur ce que j'attends des accusés au cours de l'audience. Je réalise à ce moment précis que j'ai besoin qu'ils reconnaissent ce qu'ils ont fait, comme si c'était un préalable pour accepter la réalité des faits. Ils sont les seuls témoins de ce qu'il s'est passé. Anzorov n'est plus là, j'attends d'eux qu'ils remplissent les blancs laissés par l'instruction judiciaire. Ils ne le feront pas pour la quasi-totalité d'entre eux…

Extraits de la déposition de Cécile H., policière municipale

Ses yeux sont fermés. Sa voix tremble. En cette matinée du 8 novembre, la policière municipale prend la parole avec difficulté.

Le 16 octobre 2020, elle patrouille avec son collègue près de l'établissement du Bois-d'Aulne et y voit « deux garçons présents, dont celui qui était habillé tout en noir et pas comme les autres, [qui] nous défiaient du regard. Ils sont partis en courant et j'ai demandé à mon collègue qu'on redémarre le véhicule ». Ils tentent en vain de suivre un des groupes de collégiens et rapidement sont interpellés par un couple d'automobilistes « horrifiés qui crient : "Il est en train de lui couper la tête !" ». Ils se dirigent dans la direction indiquée. La policière découvre alors le corps de Samuel Paty gisant sur le sol. « Sur le coup, j'ai cru que c'était un mannequin posé au sol. J'ai croisé le regard de Samuel. »

Cécile H. a craqué. Elle pleure. Et poursuit, effondrée. Anzorov était en « train de finir son acte, il était déterminé. Il s'est relevé, il a pointé son arme sur nous et nous a tiré dessus à trois reprises. J'ai vu la déflagration de l'arme. J'ai failli mourir ». N'étant pas armés, ils décident de partir rapidement. « Mais Anzorov nous suivait toujours avec son arme et les gamins allaient sortir. J'ai fait des appels radio, mais personne ne nous répondait. Il fallait mettre les gamins en sécurité, il fallait que personne ne puisse voir cette horreur. On a mis la voiture en travers pour que personne ne passe. » Elle parvient à joindre le 17 et un homme de la police nationale arrive rapidement sur les lieux. « À cet instant, tout le monde ignore où se trouve le terroriste. » Les deux policiers municipaux l'ont perdu de vue. La police nationale localise Anzorov qui refuse obstinément de lâcher son arme et de se rendre. Il se dirige vers les policiers en criant « *Allahou akbar* ». Il tire à plusieurs reprises avec son pistolet airsoft. Le terroriste est neutralisé et abattu.

Cécile H. et son collègue sont pris en charge. « Quelqu'un est venu nous chercher et nous a emmenés à la cellule médicale. On est passés devant un grand drap orange. Je savais que Samuel était derrière. La tête de Samuel… et les yeux… ces yeux dans lesquels mes yeux avaient plongé… Je ne suis pas comme vous, vous savez. Je n'ai pas en tête l'image que vous avez tous de Samuel, dans sa salle de classe, en train de faire cours à ses élèves. J'ai en tête ce visage tout gonflé, ensanglanté, lacéré, désolidarisé du corps, et je suis incapable de faire le lien entre ces deux images. Entre cet homme et cette tête dont les yeux me regardent, me regardent tout le temps depuis quatre ans. »

Depuis le 16 octobre 2020, Cécile H. ne travaille plus. Elle est suivie par un psychiatre. Sa famille a déménagé à la campagne. « [Notre] maison est sécurisée par des caméras et des alarmes. J'ai plusieurs fois tenté de mettre fin à mes jours, poursuit-elle. Mes enfants et mon mari m'ont empêchée de passer à l'acte. Heureusement que mes enfants étaient là, sinon, je ne serais plus là aujourd'hui. »

Elle conclut : il fallait « mettre fin à cet envahissement. À la vision de cette tête décapitée comme à celle de cette ombre noire, sans visage, et qui marche vers moi pour me tuer. Il fallait que ça s'arrête. Je sais bien qu'Anzorov est mort. Mais il est là pour moi. Il est toujours là. Il y a quelques jours encore, je n'étais pas certaine d'être en mesure de venir déposer. C'est dur. Très dur. Mais je crois que j'en avais besoin. Oui, j'avais besoin de dire que j'ai vu, et que je ne les oublierai jamais, les yeux de Samuel ».

Adboullakh Anzorov filmé par une caméra de surveillance du collège du Bois-d'Aulne, le 16 octobre 2020.

Que de souffrance dans la déposition de Cécile H. ! Que de douleur à mon tour en écrivant ces quelques lignes ! Malgré sa fonction de policière municipale, elle n'aurait jamais dû voir ce qu'elle a vu. Les policiers nationaux qui sont intervenus ensuite non plus. Une telle barbarie ne peut que marquer de manière indélébile les personnes qui ont vu son corps, sa tête, ses yeux… Les policiers municipaux et nationaux qui sont intervenus quelques minutes après la décapitation de mon frère, et ils sont certainement nombreux, rejoignent la longue liste des victimes indirectes de l'attentat. Aucun ne peut en sortir indemne, tous ont droit à une reconnaissance de leur souffrance légitime.

Cécile, nous avons eu l'occasion d'échanger plusieurs fois pendant l'audience ; c'est peut-être une façon de vous intégrer au cercle « officiel » des victimes. Aujourd'hui, j'aimerais vous parler de Samuel, vous montrer des photos de lui en train de jouer aux Playmobil ou aux Lego avec ses neveux et nièces, et chasser cette dernière image qui vous hante depuis. Je me promets de le faire, je ne vous connais pas mais je suis certaine que vous ne méritez pas cette douleur qui vous ronge. Parlons ensemble de Samuel vivant, parlons du professeur attentionné qu'il était, parlons du père et de l'oncle qui s'amusait parfois en jouant autant que les enfants, parlons de l'homme qui croyait en l'intelligence humaine ; Anzorov ne peut pas avoir le dernier mot…

Ce procès m'aura fait comprendre une chose : un attentat, c'est une bombe à fragmentations qui touche un nombre incalculable de personnes. Il y a les victimes directes bien sûr, leurs familles, amis et collègues mais aussi les victimes indirectes qui croisent à un moment ou à un autre la route du terroriste. Certaines viennent déposer à la barre comme témoin, les autres nous ne les connaîtrons jamais. Tous ressortent meurtris et fragilisés.

12 novembre 2024

Extraits de la déposition d'Anne-Clémentine Larroque, historienne, spécialiste de l'islamisme, assistante spécialisée pour la justice antiterroriste dans le procès de l'assassinat de Samuel Paty

« C'est une population [tchétchène] qui a connu beaucoup de conflits, beaucoup de traumatismes qui vont avoir un impact sur les passages à l'acte actuel. »

Anzorov s'est enfermé dans les codes de la « culture viriliste » de la République tchétchène, son pays d'origine. Il se met au MMA (*mixed martial arts*, sport national tchétchène), s'abreuve de protéines « pour être plus fort visuellement » et finit par s'inscrire dans une salle de fitness pour pratiquer la musculation.

« Pourquoi les pères ne sont pas terroristes tandis que les fils, scolarisés à l'école de la République, le deviennent parfois ? Entre les deux cultures [occidentale et tchétchène], l'équation est impossible. C'est là que le court-circuit se fait. Le choix de l'idéologie salafiste djihadiste apparaît comme une troisième voie pour sortir du court-circuit. Ils veulent être plus musulmans que leurs pères, et sont enclins à chercher la fierté du père en passant par une autre obédience. »

« La question du blasphème tient une place très importante dans le soufisme tchétchène. Le Prophète fait partie de la famille, ce qui est d'ailleurs contesté par certains sunnites et wahhabites, qui considèrent que cela relève de l'idolâtrie. »

« Pour les djihadistes, l'école est vue comme un détonateur. »

Pourquoi, alors que les pères ne sont pas terroristes, les fils, scolarisés à l'école la République, le deviennent parfois ?

Mme Larroque, enceinte de sept mois, vient témoigner à la barre de sa connaissance de l'islamisme et de la menace terroriste associée. Elle ne devait intervenir que la matinée du 12 novembre 2024, elle restera presque la journée entière à la barre, obligée de s'asseoir pour pouvoir continuer à répondre, sans relâche et toujours avec beaucoup d'intelligence, aux questions de la défense.

C'est important d'essayer de comprendre les contextes pour juger des hommes et des femmes. La géopolitique de la Tchétchénie et l'influence des islamistes dans cette région du monde sont très méconnues en France. Or, la diaspora tchétchène est nombreuse dans certaines régions françaises. Une partie de ces réfugiés politiques, notamment les plus jeunes, connaît de très grandes difficultés pour s'intégrer aujourd'hui, et se retrouve en opposition avec la culture française. Mme Larroque m'a permis de comprendre comment des jeunes Tchétchènes qui ont grandi en France, qui sont allés à l'école en France, peuvent se retourner contre leur pays d'accueil et commettre des actes terroristes sur le sol français. Comprendre, ce n'est pas excuser, mais c'est mettre du sens sur ce qui n'en avait pas, c'est alors un moyen d'accepter, enfin, une réalité inacceptable.

Extraits de la déposition de la principale du collège du Bois-d'Aulne

Conseil : maître Vincent Berthault.

L'ancienne principale du collège du Bois-d'Aulne s'avance à la barre et déroule méticuleusement le cours des événements jusqu'au 16 octobre. Elle est concentrée. Ses propos sont posés. Au fil de ses mots, nous ressentons son comportement si professionnel et attentif auprès des élèves, de la communauté de l'établissement dont elle avait la charge au moment des faits… et de « M. Paty », comme elle le nomme.

« J'ai réservé ma parole au tribunal », rapporte cette femme qui s'exprime donc pour la première fois sur ces deux semaines d'octobre 2020 ayant conduit à l'assassinat d'un des enseignants du collège du Bois-d'Aulne « où il faisait bon vivre ».

La principale commence par évoquer le cours du lundi 5 sur la liberté de la presse lors duquel cinq élèves de la 4e 5 ont choisi de sortir de la salle à la proposition de leur enseignant, pendant la projection de la reproduction de caricatures de *Charlie Hebdo*. Une élève a considéré avoir été mise à l'écart du fait qu'elle était musulmane et est rentrée perturbée du collège. Elle en parle à sa mère le soir même qui appelle la principale dès le lendemain matin. Les deux femmes dialoguent calmement. La principale fait part de cet échange à Samuel Paty qui « est très embêté, regrette que l'élève se soit sentie discriminée » et joint la mère de l'élève pour expliquer sa démarche et s'excuser si celle-ci a été mal comprise. Suite à cette conversation téléphonique, le malaise est dissipé.

En ce mardi 6 octobre, les élèves de la 4e 4 assistent au même cours. Là, Samuel Paty propose à ses élèves de fermer les yeux lors de la projection des caricatures de *Charlie Hebdo*, l'AESH (accompagnant(e) des élèves en situation de handicap) n'étant pas présente comme elle l'était la veille pour les accompagner dans le couloir. La grande majorité des élèves regarde les caricatures. Le débat qui suit autour de cette question : « Que pensez-vous du dilemme : faut-il être ou ne pas être *Charlie* ? », se passe bien.

Le mercredi, Samuel Paty ne travaille pas. Au collège, cette journée est décisive. La rumeur va commencer à circuler. Ce 7 octobre, la principale décide d'exclure pendant deux jours Z., une élève de 4e 4 pour ses absences répétées et son mauvais comportement. Les parents sont informés de cette sanction disciplinaire.

Dans la matinée du jeudi, la mère de Z. vient rapidement voir la principale qui lui explique les motifs de l'exclusion de sa fille. Elle avertit que son mari passera au collège. En effet, ce dernier arrive peu après. Brahim Chnina est accompagné d'un homme. Étant en rendez-vous, la principale les fait patienter en dehors de l'établissement. Lorsqu'ils arrivent dans son bureau, le second homme prend immédiatement le dessus. Abdelhakim Sefrioui se dit « représentant des imams de France ». Il s'insurge contre « l'offense faite au sacré » et qualifie Samuel Paty de « voyou ». D'un ton menaçant, il se plaint d'avoir « attendu plus d'une heure devant l'établissement » et ajoute : « Si on avait été juifs, ça ne se serait pas passé comme ça. » La principale tente en vain d'apaiser la situation. Elle ne saisit pas vraiment le sens de la scène qui se déroule sous ses yeux : deux hommes qui invectivent Samuel Paty pour cause de « blasphème » porté au Prophète… et une collégienne, Z. Chnina, qui aurait osé exprimer son désaccord à propos du comportement de son enseignant et, du coup, serait exclue du collège. Elle s'adresse alors à Brahim Chnina, lui expose les véritables motifs de l'exclusion de sa fille, l'invite à participer à une réunion avec M. Paty et d'autres parents. Le père de Z. ne veut rien entendre : « Pas question de me retrouver devant ce voyou ! » Il n'y a pas de dialogue possible. La principale met fin à l'entretien. Les deux hommes repartent, « très énervés ». Dès qu'elle se retrouve seule, elle lance la machine administrative. Elle effectue diverses démarches pour alerter de la situation, notamment auprès du référent laïcité et du DAASEN (directeur académique adjoint des services de l'Éducation nationale). Après leurs échanges, elle émet un « fait établissement niveau 3 » ; ce qui signifie « faits d'une extrême gravité ». Sa crainte ? Que le collège soit désorganisé par « une manifestation de musulmans ». Vers 17 heures, elle raccompagne Samuel Paty à la sortie du collège et l'informe des visites de la matinée. Il ne comprend pas. En plus, lui dit-il, Z. n'a pas assisté au fameux cours du mardi.

Elle vérifie. Elle commence à s'inquiéter, ressent « un vague pressentiment comme quoi les choses peuvent s'aggraver » et se plonge « dans quelque chose qui ressemble à une veille ». Un malaise, une attitude qui ne cesseront de l'habiter.

Nous sommes le vendredi 9 octobre. La principale reçoit les enseignants d'histoire-géographie pour leur faire part de la situation. À l'issue de la réunion, Samuel Paty affirme avec conviction devant ses collègues qu'il ne veut pas s'« autocensurer ». Une réunion avec le référent laïcité est organisée. La principale demande une protection judiciaire pour le collège, mise en place dès l'après-midi.

Une première vidéo de Brahim Chnina circule depuis la veille sur les réseaux sociaux. Elle relaye les mensonges et les accusations de sa fille Z. portées à l'égard de Samuel Paty et entend dénoncer avec virulence la stigmatisation qu'aurait exercée l'enseignant sur les musulmans pendant le cours : « Ce voyou ne doit plus rester dans l'Éducation nationale. » La principale a visionné la vidéo et ne cesse de suivre le nombre exponentiel de ses vues.

Le soir, une autre réunion est prévue avec quelques parents d'élèves. Elle « commence à s'imaginer des choses » quand elle n'y voit pas Samuel Paty, tente de l'appeler plusieurs fois et tombe sur son répondeur. Une fois la réunion terminée, elle décide avec un autre enseignant, David, de se rendre à son domicile. Lorsqu'ils y arrivent, Samuel Paty sort tranquillement de chez lui, sa raquette de tennis à la main. Il affiche son étonnement de les voir et explique qu'on lui avait demandé de « se mettre en retrait », c'est-à-dire, selon lui, de ne pas venir à la réunion. Le soir, elle rédige deux mails pour apaiser la situation : le premier à l'attention des familles des deux classes de quatrième. Le second est destiné aux enseignants du collège.

« La seconde semaine, ça devient viral. » Les messages adressés au collège sont de plus en plus nombreux et, pour la majorité, menaçants. Tous les jours, la principale s'entretient avec le référent police pour faire le point. Elle apprend qu'il « y a une forte émotion dans la salle des professeurs » lors d'une rencontre avec le référent laïcité du lundi soir. Elle comprend mieux ce qui se passe, le lendemain matin, lorsqu'elle découvre le contenu du mail que Samuel Paty a envoyé aux enseignants pendant le week-end précédent, assorti de cette phrase de conclusion : « Je suis menacé par des islamistes locaux ainsi que l'établissement tout entier. » Elle prend aussi rapidement connaissance de l'existence d'une seconde vidéo de propagande signée Sefrioui, mise en ligne le dimanche soir et diffusée elle aussi sur les réseaux sociaux. Pendant plus de dix minutes, on y entend Z., son père et un long monologue dans lequel le propagandiste islamiste dénonce le cours de Samuel Paty comme une attaque contre les musulmans et une violation des droits de l'enfance. « Je ne mesure pas que les élèves relayent cette vidéo. » C'est cette vidéo « qui active les choses », ajoute la principale. Lors du trajet vers le commissariat avec Samuel Paty pour déposer plainte le mardi 13 octobre, elle évoque la protection fonctionnelle, suggère à l'enseignant de rester chez lui. Ce à quoi il répond : « Ce serait reculer que de rester chez moi. » Elle lui conseille de prendre sa voiture pour se rendre au collège. La rumeur d'un « Samuel Paty raciste » ne cesse de se répandre au sein de l'établissement. À partir du jeudi, « cela s'apaise ».

Survient le vendredi 16 octobre. « Les vacances approchent, je me dis qu'on va pouvoir souffler et passer à autre chose. À 16 h 45, la sonnerie retentit... Et dix minutes après, la police m'appelle pour me dire que quelque chose d'horrible vient de se produire, qu'une personne s'est fait décapiter. Je pense à M. Paty tout de suite. Le terme "fatwa" me vient à l'esprit. Je me retrouve à mon bureau, sidérée. Je me suis adossée au mur et je me suis laissée glisser. » Elle passe alors « par tous les états », erre dans le collège vide accompagnée de la dame de la loge, sans savoir exactement ce qui s'est déroulé, ce qui se passe peut-être encore, dehors. L'assassinat est confirmé vers 19 heures.

« Qu'auraient pu faire MM. Chnina et Sefrioui pour apaiser la situation ? » lui demande le président de la cour. « Déjà, s'ils n'avaient pas fait leurs vidéos, il n'y aurait pas de sujet, affirme la principale. Les réseaux sociaux, c'est le pire du pire. Un énorme gâchis. Ça remet en cause notre profession. Je n'arrive pas à comprendre que pour 300 euros [il s'agit en fait de 350 euros, *nda*], on puisse désigner son professeur » ; une allusion aux élèves qui, à la demande du terroriste, lui ont montré Samuel Paty alors qu'il sortait du collège. « Je crois qu'aucune cheffe d'établissement n'a vécu ce que j'ai vécu lorsque j'ai quitté le Bois-d'Aulne » à la fin de l'année scolaire. Quand elle sort pour la dernière fois de son bureau, elle est applaudie durant tout le trajet dans l'établissement par les 850 élèves.

Un avocat des parties civiles lui pose alors cette question : « Comment allez-vous aujourd'hui ? » Émue, la principale répond : « C'est difficile pour moi de répondre à cette question. J'ai envie de dire : "Moi, j'ai encore ma tête sur mes épaules, alors ça peut aller." Mais je n'ai pas réussi à le protéger. » Une dernière phrase que nous ne cesserons d'entendre lors des dépositions des collègues de Samuel Paty.

Je n'ai pas réussi
à garder
en vie
mon
prof

L'ancienne principale du collège est venue au procès, comme à un examen de passage, avec un dossier complet qu'elle révise encore quelques minutes avant d'être appelée à la barre. Au lendemain du 16 octobre 2020, au moment où la France entière était en état de sidération intense, chacun de nous incapable de se projeter au-delà du brouillard de la terreur, elle savait déjà qu'elle allait devoir tout expliquer à la justice car elle avait assisté aux premières loges à cette sinistre cabale. Elle savait qu'elle devait se préparer à faire face aux inévitables et innombrables interrogations de ceux qui allaient ensuite juger des actes et comportements, qu'ils soient enquêteurs, magistrats ou simples citoyens. Elle l'a fait avec tout le professionnalisme qui la caractérise. Elle a tout écrit minutieusement, dans les détails, pour appuyer les souvenirs, pour être certaine de ne pas travestir la réalité. Elle a mis noir sur blanc l'enchaînement funeste, car à ce moment-là c'est tout ce qu'elle pouvait encore faire pour Samuel après avoir tout mis en œuvre pour le protéger. Rétablir la vérité des faits, c'est ce qu'elle fait à cette barre de la cour d'assises spéciale, droite, digne et sans faille. Pline le Jeune disait que « l'adversité montre les grands », et Mme la principale du collège s'est avérée être une « grande » femme. La vérité est le plus beau présent à offrir en mémoire de Samuel, et vous nous l'avez donnée, madame. Merci.

13 novembre 2024

Extraits de la déposition de Charlie J., enseignant

Conseil : maître Antoine Casubolo Ferro.

Il était là, chaque jour du procès, assis derrière Gaëlle sur le banc du tribunal. Comme d'autres enseignants du collège, Charlie J. s'est constitué partie civile.

Septembre 2020 : c'est sa première rentrée au collège du Bois-d'Aulne. Le 16 octobre, ce professeur d'EPS a terminé ses cours à 16 h 45. Il se rend au collège « deux minutes » pour ranger quelques livres. Il aperçoit Samuel Paty dans sa classe en train de terminer la diffusion d'un film à ses élèves. « C'est la dernière fois que je le vois », dit-il à la cour. Sur le trajet du retour vers son domicile, il remarque « deux silhouettes à terre, une au-dessus qui faisait des gestes énergiques » sur un visage en sang. Il pense à un accident de la route. Il s'arrête, se renseigne : « Qu'est-ce qui se passe ? » Il se trouve à dix mètres d'Anzorov qui lui répond : « Il a insulté le prophète Mahomet. » « Je suis fixé sur le corps. Je comprends tout. J'essaie de me persuader que c'est autre chose. Je suis paralysé », se remémore Charlie. Il s'éloigne un court instant. Il se souvient du traumatisme qu'il a vécu lors des attentats de Nice. Il y était et s'était réfugié dans une boutique. Ce 16 octobre 2020, il sait qu'il doit revenir dans cette rue. Même s'il connaît la réponse, il se la pose malgré tout : « A-t-il bien vu ? » Charlie fait marche arrière. La police se trouve alors sur les lieux et lui demande de circuler.

Il rentre chez lui. « Si c'est vraiment un attentat, dans une heure ce sera à la télé. J'étais à côté de mes pompes comme s'il ne m'était rien arrivé. » L'information tombe assez vite. « Le pire film ; tout est noir. Deux minutes plus tôt, j'aurais peut-être pu l'accompagner. »

Pendant les vacances, il est interrogé par les policiers. Il raconte ce « choc » qu'il ressent quand il découvre la planche de photos au commissariat sur laquelle figurent les éventuels complices, parmi lesquels certains collégiens. À la rentrée, avec les profs, « on est soudés. Le lundi, on doit faire une minute de silence. Elle en dure dix. Le mardi, on nous demande de discuter de l'attentat avec les élèves », continue Charlie. Il le fait une fois. Puis la seconde, il constate qu'un des élèves de sa classe est impliqué dans le crime. Il est « bloqué ». « C'était impossible. On me demandait d'aider les élèves, mais c'était moi qui avais besoin d'aide. Je me suis mis en arrêt maladie. »

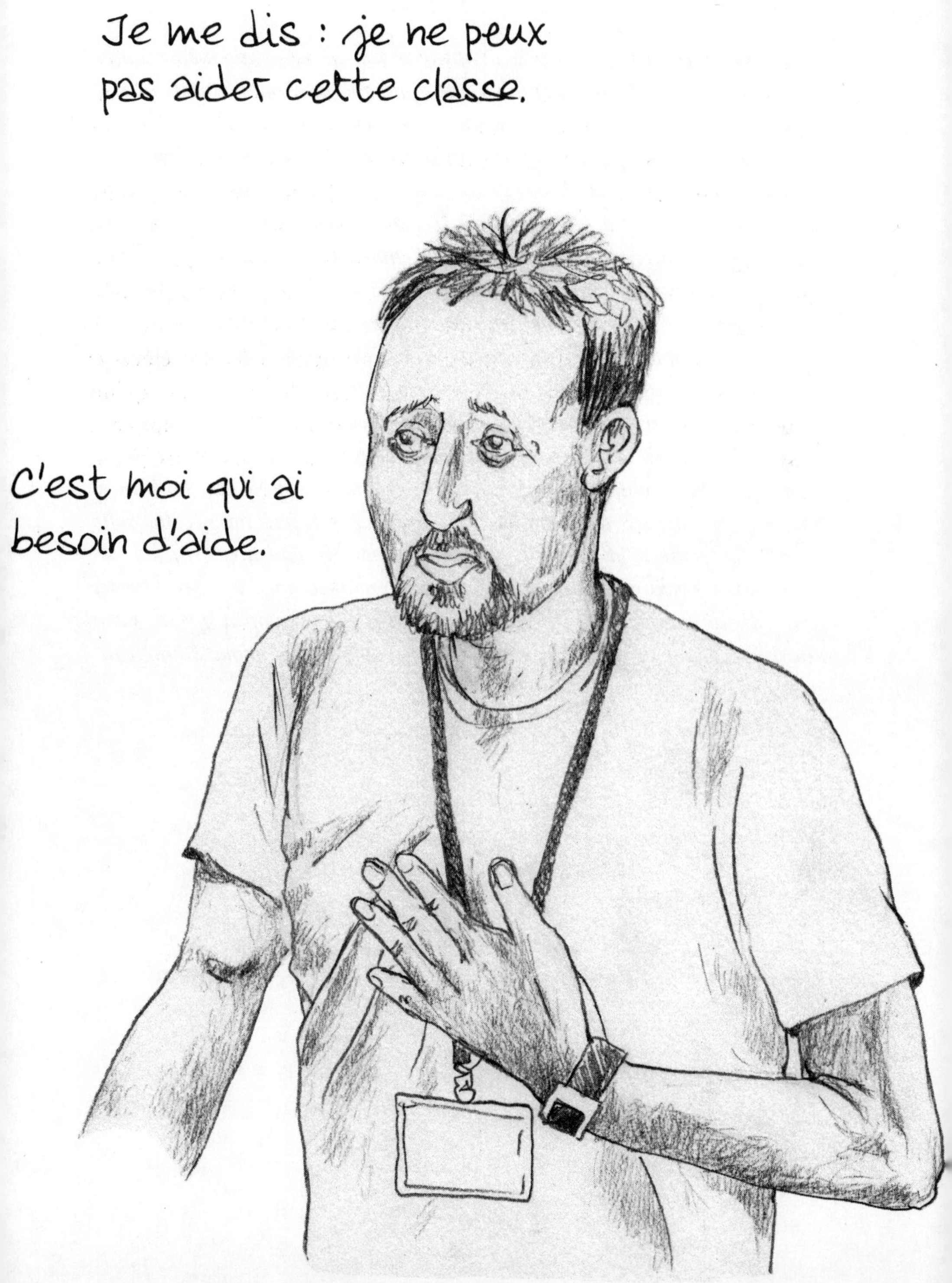
Je me dis : je ne peux pas aider cette classe.
C'est moi qui ai besoin d'aide.

Je ne connaissais pas Charlie avant le procès, je ne savais même pas ce qu'il avait vécu… je n'imaginais même pas que quelqu'un avait pu être là, avait pu voir le terroriste décapiter mon frère… La justice et la société hiérarchisent les souffrances, légitiment certaines victimes et pas d'autres… Moi je suis du bon côté. La sœur de Samuel, on lui reconnaît son statut de victime, son droit à souffrir. Mais face à la déposition de Charlie, face aux images atroces, insoutenables, qui l'envahissent encore aujourd'hui, face à son sentiment immense de culpabilité de n'être pas sorti plus tôt pour tenter de sauver Samuel, suis-je vraiment plus légitime que lui au regard de la douleur ? Charlie doit pourtant continuer à faire son métier de professeur, dans le même collège, malgré tout.

Nous avons partagé ces sept semaines d'audience sur les bancs des parties civiles, il s'asseyait toujours derrière moi comme si dans cette salle on rejouait la hiérarchie des souffrances. Acceptons ensemble les souffrances passées pour mieux les dépasser. Le jour du verdict, dans cette salle d'audience remplie d'émotions intenses et parfois violentes, j'ai vu un grand sourire éclairer le visage de Charlie et nous sommes tombés dans les bras l'un de l'autre. « On a gagné », m'a-t-il dit, oui on a gagné, on a réussi à dépasser ce qui nous enfermait en nous-mêmes. Nous allons pouvoir à présent avancer !

Extraits de la déposition de David R., enseignant

Conseil : maître Antoine Casubolo Ferro.

Sa classe se trouvait à côté de celle de Samuel Paty. Les deux enseignants d'histoire-géographie se voyaient régulièrement au collège, discutaient de leurs pratiques professionnelles respectives… et jouaient au ping-pong. C'est David que Samuel Paty est venu trouver après la séance du 5 octobre pour lui faire part de certains doutes quant à la manière dont son cours avait été reçu par les élèves.

Lui aussi s'est constitué partie civile. « Quinze ans de ma vie balayés par cet assassinat. Cela a remis en cause ma vocation, ma carrière, mon quotidien, tout mon travail auprès des élèves. » Malgré son engagement au collège et même s'il entretenait une « relation de confiance » avec ses élèves, David R. a donc quitté l'enseignement. La période de l'après-attentat a été complexe. Seulement quelques semaines après l'assassinat de Samuel, « j'entends un élève de sixième hurler sur un autre dans la cantine du collège qu'il allait lui faire "une Samuel Paty". C'était un choc. J'avais senti que ça allait être difficile pour moi de garder la tête froide et de faire face à certaines contestations pendant les cours ou lors des hommages à venir. Je ne voulais pas devenir un mauvais prof, un prof qui ne puisse pas s'engager à 100 % avec ses élèves. Je ne pouvais plus être enseignant, si je ne pouvais pas contrôler mes mots et mes gestes en toute circonstance ».

Sa déposition est baignée par ses émotions. C'est « compliqué de les mettre de côté ». Il revient sur l'attitude d'une des enseignantes à propos des cours de Samuel Paty des 5 et 6 octobre : « Une de mes collègues me parle au téléphone de remous au collège suite à la visite de B. Chnina. Elle me dira : "Samuel a merdé" et annonce vouloir écrire un courrier à l'Inspection académique. Ce qu'elle ne fera pas. Il est facile de réécrire l'histoire *a posteriori* et de juger les réactions des uns et des autres : on est alors le 8 octobre et nous n'avons pas toutes les informations, nous n'avons même pas pu avoir une discussion avec Samuel. »

Le 9, lors de la réunion organisée par la principale avec les professeurs d'histoire-géographie, « nous avons une discussion très ouverte avec Samuel, sur les supports utilisés lors de son cours et sur la venue de B. Chnina et d'A. Sefrioui. Les faits sont exposés rigoureusement par la principale, on comprend alors la démarche pédagogique de Samuel. Nous apprenons lors de la réunion que la principale est en contact avec la gendarmerie et qu'il existe un risque de manifestation pour le vendredi après-midi. La tension monte alors d'un cran ». À partir de ce moment, ils savent « qu'il y a mensonge. [Ils sont] focalisés sur l'intégrité physique de Samuel et la sécurité du collège. Dès le vendredi, certains collègues parlent de balles de kalachnikov et d'une possible intrusion ». Le week-end qui suit, David R. ne cesse de suivre, de « surveiller les commentaires haineux et le nombre de vues exponentiels de la vidéo de B. Chnina. Le lundi 12 au matin, le mail de Samuel du dimanche soir provoque des remous et de l'émoi chez les professeurs : la menace qui pèse sur lui-même et sur l'établissement tout entier » est dans toutes les têtes. Une réunion avec le référent laïcité est organisée en fin de journée pour parler du sujet. L'ancien enseignant poursuit devant la cour : « L'inquiétude se matérialise. Des attaques au couteau sont envisagées, suite à l'attentat de la rue Appert [le 25 septembre 2020, une attaque à l'arme blanche a lieu à proximité des anciens locaux de *Charlie Hebdo*, rue Nicolas-Appert, *nda*]. Le sentiment est ambivalent : ce qui est dit en réunion est rassurant d'un certain point de vue, mais on nous fait aussi comprendre que la situation est très grave. Samuel s'engouffre dans la voiture de Guillaume à la fin de la réunion. » Sur le parking, plusieurs enseignants se retrouvent. « En voyant la voiture passer avec Samuel à l'intérieur, on comprend qu'il le ramène chez lui, comme [l'un d'entre nous le fait] tous les jours après les cours. Cela nous conforte dans cette impression que le danger est réel. » Dans les jours qui suivent, ce ressenti est très présent : certains professeurs ferment leurs portes à clé au moindre bruit suspect.

Lors d'une partie de ping-pong le vendredi 16 lors de la pause de midi, Samuel Paty lui fait part de sa colère vis-à-vis de Chnina et de Z. qui « colportent des fake news, des vidéos et des accusations » à son encontre. « Pour Samuel, les choses se régleront devant les tribunaux. Il a confiance en la justice et est certain d'être dans son bon droit. Il mentionne également le fait de se sentir soutenu par la majorité des collègues, hormis les deux qui se sont positionnés publiquement contre lui. Aujourd'hui, entendre dire que la majorité des professeurs ne l'ont pas soutenu, c'est difficile. Au collège du Bois-d'Aulne, on est une équipe enseignante d'environ 55 professeurs. Sur ces 55 professeurs, il y en a 53 qui vont le soutenir par divers moyens : certains vont l'accompagner de chez lui jusqu'au collège le matin, d'autres vont lui écrire des messages, ou encore discuter avec lui. » Car au fil des jours, l'équipe enseignante perçoit « l'inquiétude grandissante de Samuel ».

J'ai entendu une élève de 10 ans dire à une camarade : « Je vais te faire une Samuel Paty. »

… ce jour-là j'ai décidé de quitter l'enseignement.

Je n'ai plus le recul nécessaire.

Je ne peux pas être sûr de contrôler mes mots si un élève me dit : « Bien fait pour lui. »

En écoutant David ce jour-là au procès, je peux ressentir en filigrane ce que l'équipe enseignante du collège du Bois-d'Aulne a vécu aux côtés de mon frère pendant ces dix jours fatidiques. Des premières interrogations pédagogiques de Samuel qu'il partage avec les professeurs, aux premières alertes sérieuses, j'entends, à travers les mots de David, une équipe qui a privilégié le dialogue avec les familles et entre collègues. J'entends une équipe à l'écoute de Samuel mais aussi des émotions de chacun, une équipe qui a fait bloc autour de Samuel lorsque la situation est devenue explosive, à partir de la diffusion de la première vidéo. Samuel s'est sans doute senti extrêmement seul pendant ces dix jours d'angoisse. Et comment ne pas l'être lorsqu'on se fait harceler violemment sur les réseaux sociaux sur la base d'informations totalement diffamatoires ? Bien sûr, il devait se sentir seul, mais il ne l'était pas ! Il était entouré de ses collègues qui partageaient ses inquiétudes au point de se relayer pour le raccompagner chez lui, ces mêmes collègues qui sont venus sur les bancs des parties civiles tout le long du procès, comme ils l'avaient fait l'année précédente lors de l'audience des mineurs. Ils sont restés soudés, entre eux, et avec Samuel, jusqu'au bout…

Extraits de la déposition de Jeff T., enseignant

Jeff T. est cité par la défense d'A. Sefrioui pour avoir critiqué Samuel Paty et s'en être désolidarisé. C'est la première et la dernière fois que ce professeur d'histoire-géographie s'exprime depuis l'attentat.

« Si je parle aujourd'hui, c'est que je n'ai pas le choix, précise-t-il d'emblée. L'islamisme cherche à semer la confusion, à nous faire perdre nos valeurs. Il est hors de question qu'un argument venant de moi aille dans ce sens. »

Dès le mercredi 7 octobre, il apprend que Samuel Paty « a mis des élèves dehors » alors qu'il faisait cours. Il sera également choqué que la principale ait reçu le jeudi Brahim Chnina et Abdelhakim Sefrioui au collège. Jeff T., qui s'affirme très préoccupé par la menace islamiste, considère que cette décision met « le collège en danger ». Peu après, il découvre les caricatures exposées par Samuel Paty pendant son cours. Ce n'est pas ce choix qu'il remet en question mais le fait d'avoir proposé aux élèves de sortir de la classe : « une question de principe ».

Après le mail de la principale du vendredi soir appelant à la solidarité envers Samuel Paty, il est « révolté contre l'institution qui soutient une démarche pédagogique qui ne lui paraît pas conforme ». Le samedi matin, une professeure de français, également appelée à la barre, réagit à ce mail en refusant « par [s]on silence, d'être complice d'une telle situation ». Jeff T. répond à son tour et exprime son désaccord à ses collègues. Selon lui, Samuel Paty a « desservi la cause de la liberté d'expression » et commis un « acte de discrimination ». Jeff T. poursuit son récit : « Je regrette ma phrase : "Je me désolidarise avec mon collègue." Je me suis insurgé contre l'institution qui disait qu'il n'y avait pas de problème. Je refusais de m'associer au fait d'avoir proposé à des enfants de sortir du cours. Je n'ai pas changé d'avis. Je n'ai pas parlé du contenu du cours ni de l'usage des images, qui sont tout à fait conformes. J'ai écrit ça sans savoir ce que j'ai découvert ensuite de l'AESH, qui était présente et qui a dit qu'il avait eu une attitude parfaitement juste. Je me suis trompé. » Et d'ajouter : « S'il était là, je lui demanderais pardon aujourd'hui. »

Selon lui, lors de la réunion du lundi 12, le référent laïcité a « rallumé la peur ». Pendant cette seconde semaine, « la tension était très, très forte ». Jeff T. prend connaissance de la vidéo de Sefrioui : « [Je comprends] que c'est une menace personnelle et physique. Je ne suis pas retourné à la salle des profs, devenue un lieu de rumeurs et de diffamations. Je ne voulais pas m'associer à cette forme de lynchage même si je considérais toujours que c'était une erreur de faire sortir les élèves de la classe. Je refusais simplement d'alimenter ce mécanisme de subversion de l'islam politique, qui consiste à nous faire perdre nos valeurs, alimenter ces gens qui utilisent la laïcité pour la dévoyer », avance-t-il. Ce lundi, après avoir lu le mail de Samuel Paty et visionné la vidéo de Sefrioui, il réalise la menace directe qui s'exerce sur son collègue et décide de ne plus prendre position sur le sujet.

« [Quand] j'ai appris la nouvelle, ça m'a déchiré le cœur. Je me suis senti piégé entre soutenir mon collègue et rester fidèle à mes valeurs ». « [Certains] élèves de sixième se sont félicités de la mort de Samuel Paty. Ils ont partagé la photo du crime. J'ai été convoqué par la principale qui m'apprend que je suis menacé et que je dois quitter l'Île-de-France. Elle me conseille de me mettre en arrêt maladie. Je reprends début janvier 2021. Je me suis senti piégé dès le début. [On] m'a demandé de me taire. Je suis responsable de ce que j'ai écrit. Je n'ai rien fait d'autre. Rétrospectivement, j'ai été trop dur là-dessus ». Et de prononcer ses derniers mots : il faut « que la rumeur contre moi, selon laquelle j'aurais une responsabilité dans cette mort horrible, s'arrête ».

Sa déposition est terminée. Les avocats de Brahim Chnina et d'Abdelhakim Sefrioui s'empressent de lui poser leurs questions. « Vous avez donc changé de position sur cette discrimination *a posteriori* ? demande maître Nabil El Ouchikli, l'un des avocats de M. Chnina.

– Oui, et après quatre ans de réflexion aussi, répond l'enseignant.

– J'acte que votre changement de position est le fruit de quatre ans de réflexion. Du 9 au 16 octobre, vous avez des informations sur le cours, vous savez que Z. a menti, vous avez eu des discussions avec d'autres professeurs, Samuel Paty a répondu point par point à toutes les accusations, et malgré ça, le professeur d'histoire-géo que vous êtes, qui n'est *a priori* pas un terroriste, n'a pas le temps d'acter qu'il n'y avait pas eu de discrimination ?

– En effet, je l'ai compris bien après.

– Est-il discriminant de faire sortir des élèves d'une classe sur la base de leur origine ?

Jeff T. semble pressentir la nature de la question : « Je refuse qu'on m'utilise pour défendre une cause qui n'est pas la mienne », répond-il.

C'est au tour de l'un des avocats d'A. Sefrioui, maître Vincent Brengarth, d'intervenir : « S'il n'y avait pas eu d'attentat, vous seriez aujourd'hui plus catégorique pour dire qu'il y a eu discrimination ? » L'enseignant choisit de répondre par un long silence. « Est-il difficile d'exprimer aujourd'hui une position qui apparaît comme une position de divergence ? » embraye le conseil du prédicateur islamiste. « Oui, c'est difficile, répond Jeff. T. On fait face à de nombreux contresens. Je ne veux pas contribuer à ce mécanisme de subversion. Il ne faut pas tomber dans le piège des islamistes qui disent que la laïcité est une forme d'intolérance. »

Je regrette les mots que j'ai employés : « Je me désolidarise de mon collègue. »
Je lui demanderais pardon s'il était là aujourd'hui.

Pendant quatre ans, je n'ai pas voulu penser aux deux professeurs « dissidents », aux deux professeurs qui ont refusé de soutenir Samuel dans sa démarche pédagogique, qui ont refusé d'apaiser le climat de tension qui régnait dans le collège, et qui ont même attisé le feu en s'opposant à la démarche de Samuel devant les élèves. En ce jour du 13 novembre 2024, je vous découvre M. T., avec la posture hésitante de celui qui ne comprend pas ce qu'il fait là. Je découvre un homme aveuglé par sa haine des islamistes, un homme qui a cru que Samuel cherchait à donner des armes à ces extrémistes de l'islam politique, un homme qui a oublié que l'humanisme et l'ouverture d'esprit, tout ce qui motivait la démarche pédagogique de Samuel, étaient les seules réponses possibles à opposer à l'endoctrinement ! Vous n'avez pas cherché à comprendre, à réfléchir, vous n'avez pas eu une once d'empathie pour ce que vivait mon frère, pire vous avez cherché à l'atteindre encore un peu plus profondément. Vous n'avez fait preuve d'aucune humanité, ceux que vous détestez ont gagné cette bataille et vous avez perdu votre guerre. Vous êtes même devenu une arme pour vos « ennemis ». Être cité par la défense de Sefrioui, acteur majeur de la diffusion des idées islamistes en France, c'est la pire punition qu'on pouvait vous infliger. J'entends vos regrets aujourd'hui, mais n'oubliez jamais que la haine et la colère n'apportent jamais la paix et le respect mutuel.

Extraits de la déposition de Jean-François E., enseignant

Il était professeur de mathématiques. Il lui arrivait de jouer… et de perdre aux échecs contre Samuel Paty, « quelqu'un de très affable qui ne voulait pas froisser les autres ».

Jean-François E. n'appréciait guère Jeff T. qu'il définit comme « un pervers narcissique, manipulateur ». Pour lui, avec son « mail accusateur, il est sorti de son devoir de neutralité » et a mené une sorte de cabale. Il considère que « le désaccord avec ce collègue était ce qui tracassait le plus » Samuel Paty.

Il fait partie de ceux qui ont raccompagné à plusieurs reprises son collègue chez lui. Il se souvient de ce mardi, trois jours avant l'attentat, lorsque Samuel Paty lui demande « de le déposer à un lieu inhabituel ». « C'est plus prudent », ajoute-t-il.

Le vendredi 16 octobre, la « salle des profs est toujours vide, une salle morte ». Il voit arriver Samuel Paty mal rasé, « comme un fantôme ». Sa « déchéance physique » a été progressive. Jean-François E. devait le raccompagner ce soir-là, mais il en a été empêché par une heure de cours supplémentaire. « Quand le nom de Samuel est sorti à 19 h 30 sur les chaînes d'information continue, j'ai été anéanti. » Il s'arrête un moment, trop ému pour continuer sa déposition.

Quand le nom de Samuel est sorti à 19 h 30 sur les chaînes d'info, j'ai...
J'ai été anéanti.

J'ai souri en entendant M. E. parler de ses parties d'échecs avec Samuel car, c'est vrai, Samuel adorait les échecs depuis l'enfance. On pense souvent que c'est un jeu pour les matheux, ce qu'il n'était pas, mais je crois que c'est aussi un jeu qui reflétait parfaitement sa manière d'être dans la vie : réfléchir et planifier avant d'agir. Dans son cours du 5 octobre 2020 sur la liberté de la presse, Samuel a réfléchi à tous les détails, même à la façon dont certains élèves pourraient accueillir la vue de la caricature de Mahomet ; il avait prévu une solution de repli pour ceux qui pourraient être mal à l'aise. Il a essayé de tout anticiper, mais pas le fait que sa route croiserait celle de Z., de M. Chnina et de leurs mensonges. Les dés étaient pipés, tu n'as pas pu gagner cette dernière partie, Samuel. Échec et mat.

15 novembre 2024

Extraits de la déposition de la gérante de la coutellerie

« Ils sont arrivés le 15 en fin de matinée », rapporte la gérante de la coutellerie dans laquelle Anzorov a acheté un couteau, accompagné d'Azim Epsirkhanov et de Naïm Boudaoud. « Ils étaient très polis, très courtois. C'était un cadeau pour son grand-père qui faisait beaucoup de jardinage. Il lui fallait donc un modèle solide. C'est quelque chose de courant, surtout pour des gens qui font du *bushcraft* [sorte d'art de vivre dans les bois en toute autonomie, *nda*]. » Celui qu'elle lui a « vendu est connu pour ça. Il est réputé pour avoir un bon acier. Les trois concernés par cet achat valident. Pas de tension, ils sont détendus, très polis, très courtois. Le troisième n'a pas pris le couteau en main. Tout est fait par les deux plus grands qui parlent en langue étrangère ».

C'est comme si elle devait reprendre sa respiration, souffler avant de continuer. Elle est bouleversée : « J'ai un fort sentiment de culpabilité. Un choc émotionnel énorme. C'est très difficile d'en parler jusqu'à ce que ça m'étouffe. Je suis contactée par les journalistes, interrogée à mon insu. On m'appelle sur mon numéro de portable personnel. C'est illégal. »

L'arme du crime retrouvée non loin du corps de Samuel Paty n'était pas le couteau acheté à la coutellerie de Rouen.

J'ai un fort sentiment de culpabilité.

Mme F., propriétaire d'une coutellerie à Rouen depuis des décennies, s'avance à la barre comme si elle était coupable. D'un pas hésitant, la tête basse rentrée dans les épaules, j'ai l'impression qu'elle porte à elle seule l'entièreté de la responsabilité de l'attentat sur ses frêles épaules. Quatre ans après, elle s'en veut encore d'avoir vendu un couteau à Anzorov et à ses acolytes. Quel contraste saisissant entre Mme F. qui se sent coupable de tout et les accusés qui ne se sentent responsables de rien ou presque ! Tout comme Charlie J. qui se reproche de ne pas être sorti deux minutes plus tôt, elle porte en elle le poids d'une responsabilité incommensurable alors qu'elle n'a fait que son métier. À mes yeux, elle met à mal toute la stratégie de défense de la quasi-totalité des accusés : on ne peut pas se sentir responsable de rien si on a été en lien de près ou de loin avec l'engrenage funeste qui a conduit à la mort de mon frère. Les coupables ne se sentent pas responsables ou du moins, c'est ce qu'ils ont osé affirmer devant la cour et devant la famille de Samuel. Pendant ce temps, les innocents doivent continuer à vivre avec une responsabilité qui les écrase encore quatre ans après. Quelle ironie ! J'espère que l'issue de l'audience permettra à Mme F. de retrouver une forme de paix. Non, madame, vous ne le saviez pas avant de témoigner, mais si cela peut apaiser vos tourments, le couteau que vous leur avez vendu n'a pas tué mon frère.

29 novembre 2024

Extraits de la déposition de Joëlle Alazard, professeure de chaire supérieure en histoire, présidente de l'Association des professeurs d'histoire et de géographie (APHG)

C'est Virginie Le Roy qui lui a demandé de témoigner. Lors de cette quatrième semaine d'audience, Joëlle Alazard reste longuement à la barre. Elle prévient qu'elle sort d'une « longue maladie » et devra peut-être consulter ses notes. Ce qu'elle ne fera aucunement. Et quand elle évoque la communauté enseignante, elle la qualifie « d'ingénieurs de nos disciplines ».

« Considérez que ce témoignage n'est pas uniquement le mien puisque je me tiens devant vous aujourd'hui en tant qu'enseignante mais aussi présidente de l'Association des professeurs d'histoire et de géographie. Je suis aussi la fondatrice du prix Samuel-Paty qui est porté par notre association, l'APHG, et qui récompense des classes de primaire, de collège et de lycée pour des travaux collectifs qui sont menés en enseignement moral et civique. C'est un prix que j'ai voulu porter parce que j'avais peur que Samuel soit oublié, pour lui donner le dernier mot. Pour dire que nous étions des milliers derrière lui à continuer à enseigner la République, ses droits, ses libertés.

J'ai analysé le cours de Samuel. Autant vous le dire tout de suite, ce cours s'inscrit parfaitement à la fois dans les programmes de 2018 et dans les démarches de l'EMC. Et j'ai trouvé qu'il témoignait aussi des qualités professionnelles et intellectuelles de Samuel. L'objectif de Samuel n'était pas de provoquer, mais d'éduquer ses élèves à la réflexion, à l'esprit critique. Son propos n'a jamais été antireligieux.

Depuis la mort de Samuel, qui a aussi rendu possible l'assassinat de Dominique Bernard, le choc a été profond. Le deuil est encore là, nous ne nous sommes pas remis de cet attentat et je ne sais pas si nous nous en relèverons un jour. Beaucoup de collègues sont dans une vigilance permanente, dans la crainte que nos propos soient mal compris, soient déformés, qu'une nouvelle cabale se monte… Et même quand on est plus confiant, on est plus méfiant qu'auparavant. S'en prendre à un professeur, s'en prendre à l'école, c'est s'en prendre à un pilier de la République, à l'institution qui forme les citoyens qui transmettent les valeurs qui nous unissent. C'est fouler aux pieds les quatre mots qui nous unissent : liberté, égalité, fraternité, laïcité. Sommes-nous condamnés à être menacés régulièrement ? Que notre nom ne soit pas traîné dans la boue sur les réseaux sociaux… Le processus d'autocensure dans les établissements scolaires serait une victoire pour les obscurantistes. On ne fait pas ce métier pour être coupé en deux par un islamiste. »

Depuis la mort de Samuel, qui a rendu possible l'assassinat de Dominique Bernard, le choc a été profond. Le deuil est encore là.

Petit bout de femme qui s'avance vers la barre et qui s'excuse d'avance si elle a des pertes de mémoire à cause du traitement qu'elle prend contre une longue maladie, Joëlle est pourtant la seule personne citée par l'avocate des parents de Samuel et de moi-même qui accepte de venir déposer.

La seule… Les autres ont eu peur. Du moins c'est ce que nous avons compris. Et pourtant leur engagement est justement de combattre l'islamisme et la propagation de ces idées délétères.

Elle nous raconte, d'une voix douce et ferme à la fois, que les enseignants ont peur mais qu'ils sont encore là, face aux élèves, malgré les menaces, malgré la contestation de certains cours ou de certaines valeurs, malgré cette boule au ventre lorsqu'ils doivent aborder la question de la laïcité ou organiser cette fameuse « minute de silence » tous les 16 octobre. Elle nous dit qu'ils sont encore là, car ils sont intimement convaincus d'être l'un des derniers piliers de notre République encore debout. Ils sont encore là, mais ils ont besoin que la justice soit à la hauteur du drame et de l'onde de choc provoquée dans l'école de la République.

Joëlle est venue déposer à la barre pendant près de trois heures. Elle a subi un flot de questions pernicieuses de la défense d'A. Sefrioui qui cherchait à discréditer l'enseignant qu'était mon frère. Elle a tenu bon et elle est repartie chancelante. Merci Joëlle d'être venue, au nom de tous les professeurs de France, défendre le travail de Samuel et montrer que l'école reste un phare pour échapper à l'obscurantisme.

Qu'attendez-vous de la justice ?

C'est la dernière question du président de la cour Franck Zientara, adressée aux témoins de la partie civile venus déposer à la barre.

Nous ne l'accepterons jamais. Cela nous révulse. Nous voulons que la responsabilité de chaque prévenu soit reconnue. Les sanctions doivent être à la hauteur.

Bernadette Paty

Nous souhaitons que le monde des adultes entende ce que notre fils a à dire dans son silence. Son silence exhorte la justice à expliquer et, le cas échéant, à condamner. Vérité et justice ne sont pas des notions vides. C'est juste ce que demande cet enfant pour son papa.

L'ex-compagne de Samuel Paty

Après le temps de l'émotion et de la reconstruction, s'ouvre aujourd'hui pour moi le temps de la justice.

C'est un moment que j'attends depuis quatre ans car c'est de la justice que j'attends des réponses, le reste n'est qu'agitation stérile. Oui, je n'attends des réponses que de la justice, mais j'attends qu'elle soit également à la hauteur de l'enjeu. Mon frère ne peut pas avoir été décapité pour rien !

Gaëlle Paty

J'attends de la justice que les personnes qui sont coupables soient désignées. Je ne pourrai pas avancer avant ça. Depuis quatre ans, je me suis enfermée dans mon travail de sept heures à minuit. Quand je prends des vacances je me sens inutile, c'est très difficile. Je ne pense qu'à ça. Peut-être que s'il y a une justice, je vais réussir à penser.

La principale du collège du Bois-d'Aul

J'attends des réponses, la vérité. Que les accusés assument leur responsabilité, des peines à la hauteur des faits. Depuis le procès des mineurs, les accusés nient les faits.

Charlie J.

Je veux écouter ce que les accusés ont à dire, comprendre l'enchaînement des faits à l'extérieur du collège et entendre résonner le mot de « coupable » dans l'enceinte de ce tribunal.

David R.

Sommes-nous condamnés à céder à la peur ?
ous attendons un signal fort de la justice :
our la mémoire de notre collègue mais plus
argement pour tout le métier. Nous voulons
ne justice républicaine qui protège les
ducateurs de la nation ; qui dissuade
'autres parents de jeter en pâture, sur les
éseaux sociaux, des noms d'enseignants. Ce
ugement aura des conséquences sur l'avenir
e l'école publique.

Joëlle Alazard

PARTIE 2

Accusés présumés et témoins

Le procédé judiciaire, à chaque audition de l'accusé présumé, reste identique : le président de la cour revient sur les faits. S'ensuivent son interrogatoire, celui de la cour et celui des avocats généraux. Les questions des avocats des parties civiles sont suivies par celles de la défense. Plusieurs éléments énoncés par le président lors de l'interrogatoire et par la cour, examinés par des professionnels, démontrent que les propos des personnes interrogées mises en cause dans l'assassinat de Samuel Paty ont suivi une ligne directrice reprenant celle de leurs conseillers. Malgré leurs dénégations, leurs paroles contredisent souvent celles qui ont été prononcées alors qu'elles étaient placées en garde à vue. Il s'agit donc de « décortiquer » leurs récits et de les confronter à leur histoire, qu'elle soit antérieure, contemporaine ou postérieure à celle d'octobre 2020, sachant qu'un des principaux arguments mis en avant par la cour est qu'elles pouvaient difficilement ignorer la radicalisation d'A. Anzorov.

18 novembre 2024

Extraits du témoignage de Mohammed A.

Parmi les six collégiens auditionnés au tribunal pour enfants pour le procès Paty, c'est celui qui a eu la condamnation la plus élevée : deux ans de prison, dont six mois de prison ferme aménagés sous bracelet électronique. Aujourd'hui, ce jeune homme âgé de 18 ans vient témoigner devant la cour.

À l'époque des faits, il était en quatrième au collège du Bois-d'Aulne, n'était pas un des élèves de Samuel Paty et n'avait « pas de problème avec lui ». Ému et tendu, il reconnaît les faits, exprime des regrets, son « erreur » et s'excuse auprès de la famille Paty.

Mohammed A. est un des cinq collégiens qui accepte, à la demande d'Anzorov, de désigner physiquement l'enseignant. Et c'est même le premier. Il est un peu plus de 15 heures ce 16 octobre. Anzorov l'accoste pour lui « proposer de l'argent en échange de [lui] montrer le professeur ». Le terroriste lui explique qu'il va « filmer Samuel Paty pendant qu'il demande pardon car il a sali l'image des musulmans ». Il ne lui manque que cet élément pour assouvir sa vengeance. Et, en même temps, il est de taille : à quoi ressemble Samuel Paty ?

Le collégien est d'accord. Il reçoit la moitié de la somme des 350 euros promis. « Je suis allé devant le collège voir des collègues à moi, et ensuite on est allés voir le monsieur. On lui a dit que le professeur était là. Et ensuite, il s'est passé ce drame-là », poursuit-il en contenant son émotion.

Cette histoire,
ça fait quatre ans
que je l'ai sur
le dos.

Aux alentours de 15 h 50, il va bien chercher quelques amis pour l'aider à effectuer cette mission que lui a confiée le terroriste : désigner Samuel Paty. Certains refusent. Quatre acceptent. Pendant que les autres vont faire le guet dans une rue face au collège, il se réfugie dans une voie privée avec un autre collégien et Anzorov. Lorsque le président l'interroge à propos de ce que lui disait Anzorov en attendant la sortie de l'enseignant, il répond : « Il me dit que ce n'était pas bien ce que M. Paty avait fait, que ce professeur a montré des caricatures du Prophète, qu'il voulait le filmer. » Anzorov ne s'est pas limité à cette remarque. Il a également demandé à Mohammed d'appeler Z. pour qu'elle confirme sa version des faits. Il est environ 16 h 40. Mohammed la contacte immédiatement. Il désire qu'elle répète son « histoire » avec M. Paty. Ce qu'elle fait, en s'appuyant sur sa version mensongère. Ensuite, Mohammed montre au terroriste la caricature incriminée et exposée pendant le cours de Samuel Paty. Anzorov lâche à l'encontre de l'enseignant : « sale bâtard ».

Est-ce que le terroriste a eu besoin d'une confirmation orale pour passer à l'acte ? Sans cet appel, aurait-il assassiné Samuel Paty ? Des questions soulevées lors du procès des mineurs un an auparavant restées sans réponse et qui le resteront à jamais. Une autre interrogation de taille concerne Z. Il n'a pas été possible lors de son interrogatoire en novembre 2023 de lui faire dire qu'elle savait très certainement qu'elle ne parlait pas qu'à son ami et qu'une autre personne pouvait l'écouter.

Le jeune homme se répétera plusieurs fois. Il n'aurait fait « ça » que pour l'argent et n'aurait « pas pensé à autre chose » sauf qu'Anzorov « allait frapper » Samuel Paty. Une dernière phrase qui s'avère en contradiction avec celles de certains de ses complices lorsqu'ils étaient placés en garde à vue. Mohammed poursuit : « En quatrième, on filmait les personnes quand on se bagarrait. On s'est dit que ça allait être comme ça, on était petits. Jamais jamais jamais, je pensais que ça allait se passer comme ça. Si j'avais vu un couteau, j'aurais été voir le surveillant. Ça peut finir mal. » Le président de la cour revient sur ses derniers mots.

Oui. En effet. Cela s'est très mal terminé, avec « un mort ».

Il est 16 h 51. Avec d'autres collégiens, Mohammed désigne Samuel Paty à Anzorov qui a maintenant tous les éléments en main pour passer à l'acte quelques minutes plus tard.

L'avocate de Naïm Boudaoud, un des amis d'Anzorov qui comparaît au procès « pour complicité d'assassinat terroriste », interroge Mohammed pour savoir ce qu'il voyait depuis la rue dans laquelle il attendait. Il ne comprend pas vraiment cette question dont la réponse lui paraît être une évidence : « Ben, on voyait le collège. » Elle veut lui faire dire que l'établissement n'est pas visible puisque cette rue se trouve dans un quartier pavillonnaire ; un de ses arguments avancés pour son client. La scène se répète. Hiba Rizkallah est insistante. Le jeune homme s'énerve. Alors qu'il a terminé l'interrogatoire avec elle, il lui rétorque : « La prochaine fois, tu feras les réponses toi-même. » Une altercation entre Mohammed et l'avocate ne va pas tarder à se dérouler sous nos yeux.

Un an après l'audience des mineurs, je retrouve Mohammed A. à la barre d'un tribunal, mais cette fois en tant que témoin. Un tout autre jeune homme. Un an auparavant, accablé par le poids de sa responsabilité et par des remords sincères, il nous avait demandé pardon en pleurs. Et il avait tenté, avec ses mots, de nous expliquer ce qu'il s'était passé ces deux heures pendant lesquelles il était resté avec Anzorov ce jour fatidique du 16 octobre. L'appât du gain, mais aussi à demi-mot l'envie de voir un professeur se faire violenter devant une caméra. On comprenait également, à travers ses propos décousus mais au parfum de sincérité, que l'appel à Z. demandé par Anzorov semblait décisif dans le passage à l'acte final. Z. savait-elle à ce moment-là que quelqu'un, le terroriste, entendait sa version mensongère des faits ? En a-t-elle rajouté pour convaincre Anzorov ou se faire « mousser » auprès de son ami Mohammed ? On ne le saura jamais, mais le doute a plané tout au long du procès des mineurs.

Ce jour-là, je vois un tout autre Mohammed, peu concerné par cette « affaire » qu'il semble avoir reléguée très loin dans sa mémoire. Sûr de lui, sans émotion particulière, sans exprimer de remords authentiques, il se contente de répondre aux questions du président et de la défense, pressé que cela finisse. Au moment de sortir de la salle, il n'a pas réussi à retenir des gestes menaçants envers une avocate de la défense dont il n'avait semble-t-il pas aimé les questions insistantes. Son passage à la barre m'a laissé un goût amer dans la bouche. Il ne suffit pas de reconnaître sa responsabilité pour devenir une autre personne. Je ne suis pas certaine aujourd'hui que Mohammed A. soit capable de prendre de meilleures décisions à l'avenir.

20 novembre 2024

Extraits de l'interrogatoire d'Azim Epsirkhanov

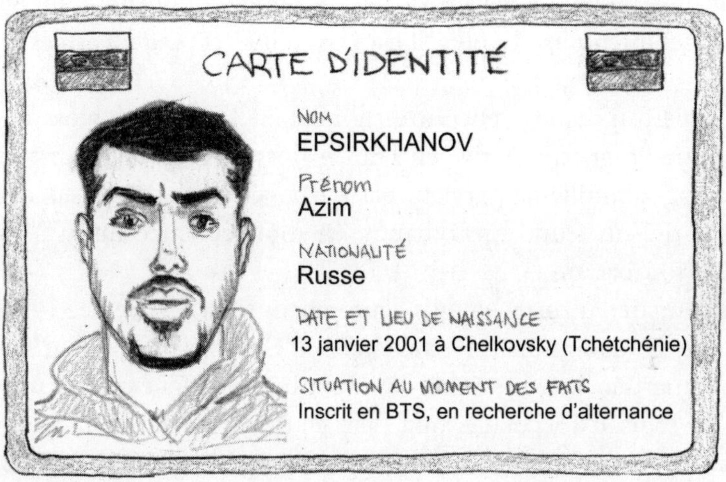

Détenu au centre pénitentiaire de Bois-d'Arcy.

Conseil : maître Sarah Valduriez, avocate au barreau de Versailles, commise d'office.

Chef d'accusation : Azim Epsirkhanov comparaît pour complicité d'assassinat terroriste. Il lui est reproché d'avoir « aidé et accompagné activement » Anzorov « dans la recherche »

et « l'achat d'armes ». Depuis quatre ans, il est placé en détention provisoire. Il est passible de la réclusion criminelle à perpétuité.

Veste bleue, chemise blanche : plus de neuf heures d'audience pour ce témoin-clé, décrit par l'expert psychiatre comme « un individu assez vif, aux bonnes capacités intellectuelles et de réflexion ». Il a passé le 19 octobre, veille de l'assassinat de Samuel Paty, avec Naïm Boudaoud et Abdoullakh Anzorov. Le 20 au matin, il revoit brièvement Anzorov. Une question au centre de l'attention de la cour : que savait-il de la radicalisation et de l'objectif final d'Abdoullakh Anzorov ? La ligne de défense d'Azim Epsirkhanov reste inflexible. Il réfute toute culpabilité. Il maintient qu'Anzorov ne lui a jamais parlé de son projet criminel et qu'il ignorait tout de ses intentions. Et puis, il n'a « pas d'intérêt pour les armes ».

Azim Epsirkhanov rencontre subitement la violence alors que son pays entre en guerre. Arrivé en France alors qu'il est âgé d'une dizaine d'années, sa famille ne parvient pas à trouver un lieu de résidence fixe. La scolarité du jeune Epsirkhanov est mouvementée jusqu'à l'obtention de son bac pro.

Il connaît Anzorov depuis leur rencontre en sixième. Issus tous deux de la communauté tchétchène d'Évreux, ils résident dans le même quartier. Ils sont amis. « Sa famille n'écoutait pas de musique, sa mère refusait l'accolade. Son père était très porté sur la religion, il refusait que sa femme sorte seule. » Lorsqu'il apprend que son fils Azim, alors en classe de troisième, est sur Facebook, le père ne contrôle plus sa violence envers lui. « J'ai assisté au tabassage, c'était choquant pour moi », déclare Epsirkhanov.

Suite à un déménagement, les deux amis se perdent de vue fin 2019. Ce n'est que momentané. Epsirkhanov retrouve Anzorov sur les réseaux sociaux. Ils échangent. « J'y étais énormément, je cherchais à avoir beaucoup d'abonnés. J'avais un Instagram, un Snapchat, un Twitter et un Facebook. » Pendant l'été 2020, ils se voient et s'appellent régulièrement.

Le 15 octobre 2020, le voici à Rouen avec Naïm Boudaoud ; ceci à la demande d'Anzorov pour qu'Epsirkhanov l'aide à trouver – en vain – une arme par l'intermédiaire de son cousin contre 800 euros. « Je prends la voiture, je me propose pour conduire et on passe une journée normale, banale, amusante dans une ambiance détendue » : lavage de voiture, McDonald's, passage à la mosquée, etc. Ils s'arrêtent aussi à la coutellerie. Selon ce qu'il rapporte, Abdoullakh Anzorov affirme vouloir offrir un couteau à son grand-père collectionneur. Dans la boutique, il demande « le mieux aiguisé ». Une fois le couteau acheté, ils filent dans la voiture. Azim Epsirkhanov entend un « bruit de déballage ». « Je le vois faire dans le rétro, alors je demande pourquoi il le déballe si c'est un cadeau. Mais je ne prête pas plus attention à ça, je suis en train de conduire. » En début d'après-midi, Abdoullakh Anzorov relance une nouvelle fois Azim Epsirkhanov sur l'arme. Entre les deux moments, « la question de l'arme n'existe plus ».

Le président de la cour intervient : « Elle existe quand même toujours un petit peu. Mais vous ne vous dites pas "arme + couteau = alerte" ? S'il veut une arme, puis un couteau, ça fait beaucoup, non ? En tout cas, vous ne faites pas le lien ? » Azim Epsirkhanov n'est évidemment pas sur cette ligne : « Si on explique les choses de cette manière, *a posteriori*, on peut être amené à penser à ça. Mais dès le matin, il n'est plus question d'armes. Et le couteau est un cadeau, donc destiné à être offert. Sur le coup, je ne fais pas le lien. »

Epsirkhanov et Anzorov se revoient le 16 octobre. Franck Zientara : « Anzorov va appeler dès 5 h 40 Naïm Boudaoud pour qu'il le conduise chez vous à Rouen pour récupérer son argent. Vous, dans le même temps, à 6 h 13, vous allez chercher un BlaBlaCar entre Rouen et Conflans. Pourquoi ? »

Azim Epsirkhanov : « Anzorov veut venir chercher son argent sur Rouen et me demande de lui prendre un BlaBlaCar car Naïm ne se réveille pas. Ensuite, il me demande de lui prendre un trajet retour entre Rouen et Conflans » pour soi-disant se rendre à son « travail ».

La réservation ne fonctionne pas. Alors Azim Epsirkhanov l'accompagne à la gare routière de Rouen. Avant qu'ils ne se quittent,

Abdoullakh Anzorov lui dit au revoir « d'une manière inhabituelle ». Il le prend dans ses bras. Il est 9 h 05. « Il ne m'a rien dit en me faisant ce câlin. J'ai rigolé en revanche car je me suis demandé pourquoi il faisait ça. Avec le recul, je pense à un *au revoir* », a-t-il précisé lors d'une audition en garde à vue. Que signifie réellement ce geste ? Simple forme de salut habituelle entre membres de la communauté tchétchène ou accolade émue avant une action suicide ? Un épisode qui fera débat en audience.

Le président de la cour d'assises lui demande : « On a entendu deux collégiens comme témoins. Ils ont expliqué que, devant le collège, très naturellement, M. Anzorov a expliqué qu'il voulait humilier le professeur. Facilement, il a exprimé à des tiers son ressentiment profond. Comment à vous, il n'évoque pas cette préoccupation qui l'obsède puisqu'il va aller jusqu'à décapiter le professeur ? – Avec moi, il ne parle pas de quoi que ce soit », répond Epsirkhanov.

Le 16 octobre, Abdoullakh Anzorov envoie le message « Je t'aime mon frère » à Azim Epsirkhanov. « Je pensais avoir retrouvé mon pote », rapporte l'accusé. Quelques minutes après cet échange, à 16 h 55, Anzorov publie sur son compte Twitter @Tchetchene270 associé à son pseudonyme Al Ansâr son texte de revendication accompagné de la photo de Samuel Paty : « Au nom d'Allah, le tout Miséricordieux, le très Miséricordieux. De Abdullah, le serviteur d'Allah, à marcon [Macron, *nda*], le dirigeant des infidèles, j'ai exécuté un de tes chiens de l'enfer qui a osé rabaisser Muhammad, calme ses semblables avant qu'on ne vous inflige un dur châtiment. » Un autre message arrive : « C'est M. Paty. »

Azim Epsirkhanov reçoit un message vers 19 heures lui apprenant que son ami a été tué par la police. « Je ne suis pas au courant de ce qu'il a commis. Puis je vois le *screenshot* du message posté par Anzorov sur Twitter. C'est à ce moment-là que je vois cette photo terrible, cela me terrifie, j'ai un double choc. »

L'avocat général intervient : « Azim Epsirkhanov, considérez-vous avoir une part de responsabilité dans l'assassinat de Samuel Paty ? »

Réponse lapidaire : « Ce qu'il m'a demandé, c'est des choses qu'il pouvait faire tout seul. Je ne sais pas si aujourd'hui je peux dire que je suis responsable d'une certaine logistique. Je ne me sens pas responsable de ce qu'il a pu faire après. » Azim Epsirkhanov rapporte que ces 15 et 16 octobre « ont servi à tout organiser dans [leur] dos. Il [les] a utilisés, [lui] comme Naïm, pour parvenir à ses fins ».

Virginie Le Roy : « Vous mentez pendant les gardes à vue ou maintenant, c'est quoi notre boussole ? »

Azim Epsirkhanov : « Lors de ma garde à vue, je n'ai pas dit forcément toute la vérité car j'avais peur d'être lié à ça. Mais à ma dernière garde à vue, je suis revenu sur mes propos. »

Maître Sarah Valduriez revient avec l'accusé sur la communauté tchétchène. « Tout comportement déviant, ils [les Tchétchènes, *nda*] le critiquent. Moi, j'ai envie qu'on s'unisse, qu'on montre les bons côtés de la communauté, qu'il n'y a pas que des gens rigoristes ». « C'est une stigmatisation de la communauté que vous faites, comme dire que tous les musulmans sont des terroristes. Tous les Tchétchènes ne sont pas les mêmes ». Azim Epsirkhanov acquiesce.

Ce qu'Anzorov m'a demandé les 15 et 16 octobre, c'est des choses qu'il pouvait faire tout seul.
Je ne me sens pas responsable de ce qu'il a pu faire après.

Azim Epsirkhanov est venu au procès habillé d'un costume bleu, un peu trop serré, bien rasé et cheveux courts, une image aux antipodes de la personnalité que je vais découvrir au cours de l'audience. En effet, écouter Azim Epsirkhanov est une immersion terrifiante dans le code moral d'une partie de la communauté tchétchène de France. Un code viriliste incitant à la violence brute, articulé autour d'une vision très radicale de la religion musulmane. Une communauté souvent renfermée sur elle-même, prête à tout pour défendre un des siens. Epsirkhanov et Anzorov sont deux produits de ce code moral : la violence est banalisée dans leur vision du monde et l'entraide entre Tchétchènes érigée en principe inaliénable. Comment alors imaginer qu'Epsirkhanov ne savait rien des projets d'Anzorov ? Comment peut-il pendant de longues heures à la barre nier, avec aplomb, tout, en bloc, de sa connaissance de la radicalisation de son ami aux intentions violentes de ce dernier le 16 octobre 2020 ? Comment qualifier de banale une journée en voiture avec Anzorov destinée à trouver une arme à feu et à acheter un couteau ? Comment oser affirmer que sa recherche du 16 octobre pour un trajet BlaBlaCar vers Conflans-Sainte-Honorine ne démontre pas qu'il était au courant des projets de ce dernier ? L'entendre mentir de manière aussi désinvolte, sans aucune émotion, est une épreuve pour moi. Parfois mes convictions chancellent sous la charge de ces fausses vérités assénées sans relâche. Le doute finit par m'assaillir, me laissant un goût amer dans la bouche. À l'issue du verdict, le vrai visage d'Azim Epsirkhanov, déformé par la rage, se révèle lorsqu'il menace de mort, d'un geste de la main, Gamaev, qui a choisi lui la voie de la vérité. Le doute n'est alors plus permis, le costume n'aura pas suffi à camoufler sa véritable identité.

21 novembre 2024

Extraits de l'interrogatoire de Naïm Boudaoud

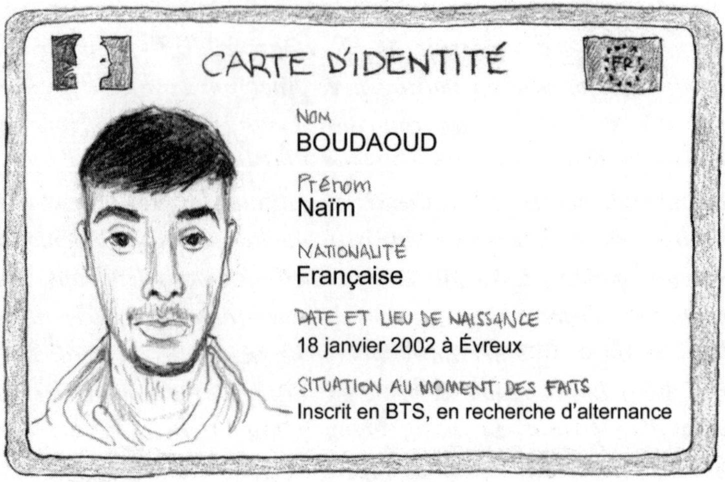

Détenu au centre pénitentiaire de Nanterre.

Conseils : maîtres Adel Fares, avocat au barreau de Paris, et Hiba Rizkallah, avocate au barreau de Paris, tous deux commis d'office.

Chef d'accusation : Naïm Boudaoud « comparaît pour complicité d'assassinat terroriste ». Il lui est reproché d'avoir « aidé et accompagné activement » Anzorov « dans la recherche » et

« l'achat d'armes ». Depuis quatre ans, il est placé en détention provisoire. Il est passible de la réclusion criminelle à perpétuité. Il réfute toute culpabilité.

Les deux interrogatoires sont contrastés. Si la veille Azim Epsirkhanov était affirmé, clair et concis – ce qui ne veut pas dire convaincant –, ce jour Naïm Boudaoud ne parvient pas toujours à garder son calme et à répondre sans hésitations, maladresses et contresens à la cour pendant plus de dix heures de déposition. Il se trouvait avec Abdoullakh Anzorov le 15 octobre et le lendemain, peu avant son passage à l'acte. Une question sous-tend son interrogatoire : savait-il qu'Anzorov s'apprêtait à assassiner un professeur ? Ce que le jeune homme ne cessera de nier.

Il a été élevé par une mère « conseillère d'éducation », « référente laïcité » et « formatrice valeurs de la République et laïcité ». Trois jours avant l'interrogatoire de son fils, cette femme rapportait lors de sa déposition qu'elle et son époux lui avaient « transmis les valeurs de la République, de respect et de tolérance, c'est comme ça qu'on s'est construits. La religion a toujours été chez nous synonyme de liberté ».

Sa radicalisation ? Quel en a été le facteur déclencheur ? N. Boudaoud venait d'obtenir un bac professionnel. Mais, avance-t-il, il est né « grand prématuré » et a toujours eu un problème de représentation physique. Il est resté maigre et voulait changer d'aspect, se muscler. Il prend alors un abonnement à la salle de sport d'Évreux et y rencontre Abdoullakh Anzorov. « [Il] m'aidait à progresser dans mes exercices de muscu. Et c'est à ce moment-là que nous avons échangé nos snaps et nos numéros. »

« Vous a-t-il demandé de vous tourner davantage vers l'islam ? » questionne Franck Zientara. « Non, moi j'avais ma copine chrétienne, j'écoutais de la musique, je ne faisais même pas mes cinq prières. Je n'ai rien à voir avec tout ça, je n'ai rien à voir avec cette ordure, je n'ai jamais entendu parler de ce professeur, de Samuel Paty. – Est-ce qu'Anzorov vous a parlé de *Charlie Hebdo* ? continue le président de la cour. – Jamais. J'ai toujours dit que je n'étais pas au courant de ce qu'il avait fait, que je n'étais pas au courant de toute cette histoire. Je n'avais que 18 ans ! Je n'avais aucune idée des intentions d'Anzorov. » Le président de la cour considère à voix haute qu'« à 18 ans, on est déjà un adulte ».

Naïm Boudaoud affiche lui aussi un décalage avec ses paroles tenues en garde à vue au sujet de la radicalisation d'Anzorov. Non, il ne se serait aperçu de rien. Anzorov était presque un homme comme tout le monde à ses yeux. Certains faits sembleraient plutôt nuancer ses propos. Anzorov ne faisait pas que conseiller Boudaoud sur ses entraînements dans la salle de sport ou sur la pilosité de son visage. Il lui parlait religion, le considérait comme « un bon ». Ils ont d'ailleurs fait une prière sur le parking de la salle de sport.

Le 15 octobre, il conduit Anzorov à Rouen – « Ma Golf 7, c'est ma voiture préférée, je suis super fier », dira-t-il devant la cour – pour se rendre chez leur ami commun Azim Epsirkhanov. Avec ce dernier, Naïm Boudaoud discute « de filles, de sorties, de musique… ». Par l'interrogatoire d'Azim Epsirkhanov, de la veille, en accord avec les paroles de Naïm Boudaoud, nous savons ce qu'ils ont fait tous les trois ce jour-là.

Debout, dans le box des accusés, il revient sur le 16 octobre 2020. Certes, il avait promis à Anzorov de le déposer très tôt à Rouen pour qu'il récupère son argent. Mais ce matin-là, il s'obstine à rester dans son lit. Lorsqu'il saisit son téléphone portable à son réveil, il lit les nombreux messages qu'Anzorov lui a envoyés : « T'es mort », « Je vais t'étrangler ». « Il m'a harcelé de messages. Je le rejoins [à Évreux, *nda*] quand je me réveille, il était énervé, il a jeté son sac à l'arrière de la voiture. Il me dit qu'il doit aller à Mantes régler une embrouille avec des Noirs. Je vois que Mantes c'est loin, et j'ai pas envie de me retrouver dans une embrouille. J'appelle donc ma mère. » C'est une de ses habitudes : lorsqu'il se trouve face à une situation qu'il juge complexe, le jeune homme parle à sa mère qui lui fournit un motif pour rentrer chez eux.

La stratégie mère-fils ne fonctionne pas cette fois-ci. Naïm Boudaoud continue sa route. Il se dirige avec Anzorov à Cergy vers une armurerie dans laquelle Anzorov achète deux pistolets airsoft. Il en offre un à son ami. « Et c'est là qu'il me fait cette fameuse blague dont on me parle depuis le début de l'instruction : "C'est un cadeau avant que je meure". Je pouvais pas imaginer qu'il allait commettre un meurtre avec un pistolet à billes ! » La veille, Azim Epsirkhanov déclarait à ce sujet : « Quoi de plus banal. » Naïm Boudaoud ajoute : « Anzorov a presque toujours acheté des airsofts, des pistolets à billes… pour moi, c'est futile, il n'y a rien de sérieux. »

Après cet achat, Abdoullakh Anzorov insiste pour être conduit dans « le 7-7 » [Seine-et-Marne, *nda*]. Anzorov rentre l'adresse sur le GPS du téléphone portable de Boudaoud. « Il n'y avait pas écrit "collège Conflans-Sainte-Honorine". J'arrive dans une zone pavillonnaire, avec des routes en zigzag. Anzorov me dit : "Vas-y tèje-moi [jette-moi, *nda*] là." Il me demande un masque chirurgical, ne me dit même pas merci et part. Collège ou pas collège, pour moi ça aurait été pareil, je n'ai jamais entendu parler de cette affaire. Je n'ai jamais entendu parler de cette polémique, de ce pauvre professeur, qui a été tué par ce lâche, cette ordure. » Après avoir déposé Anzorov près du collège, Naïm Boudaoud repart immédiatement.

En fin d'audience, l'avocat général lui pose la même question qu'à Azim Epsirkhanov : « Vous sentez-vous une part de responsabilité dans l'assassinat de Samuel Paty ? » Réponse de Naïm Boudaoud : « Anzorov m'a pris pour un con. Je me retrouve ici par sa faute. Si j'avais su quoi que ce soit, j'aurais prévenu la police ou mes parents. Je ne suis pas responsable. Je ne suis pas fou pour déposer un terroriste. Je ne suis pas responsable de l'acte d'Anzorov. Je ne suis pas responsable, car je n'étais pas au courant de ce qu'il allait faire. Je suis naïf, je n'arrivais pas à m'opposer. J'ai une faible personnalité, mais je l'aurais pas déposé pour commettre un assassinat. Je suis pas débile, quand même ! »

Sa mère l'appelle quelques heures plus tard pour lui apprendre qu'un « Tchétchène d'Évreux » a commis un attentat. « Ça parle d'un prof décapité, je comprends rien. Je commence à paniquer. On rentre dans une spirale, une tornade, c'est indescriptible. »

Aux premières heures de la matinée, il se présente le 17 octobre au commissariat avec Azim Epsirkhanov, qui l'avait appelé entre-temps pour lui dire qu'« Abdoullakh a fait une dinguerie ». Il évoque la « pression » exercée sur lui pendant sa garde à vue. À plusieurs reprises, l'accusé assure qu'Anzorov « s'est servi » de lui. « À ce moment-là, on n'y croit pas, je n'ai pas les mots pour décrire notre état de panique et de stress. Vous ne voulez pas comprendre que j'étais sous le choc. »

J'ai dix-huit ans, j'me retrouve interrogé
après seize heures de garde à vue, j'ai la pression,
tout se mélange dans ma tête.

Boudaoud n'a pas le profil d'un apprenti djihadiste. Issu d'une famille relativement aisée, bien insérée socialement, il a réussi son bac, son permis et se retrouve à 18 ans au volant d'une Golf 7 offerte par ses parents. Et pourtant, clairement, cela ne lui suffisait pas. Il voulait autre chose, il voulait ressembler à ses « potes » tchétchènes du quartier de la Madeleine à Évreux. Il semblait fasciné par leur force physique, la violence qu'ils dégageaient, il voulait leur ressembler à tout prix. Et s'il fallait pour cela faire des prières le soir derrière la salle de sport Basic Fit ou des virées en voiture vers Rouen, il s'y pliait. Il acceptait une forme de soumission comme moyen de s'affirmer en tant qu'adulte, loin du schéma familial.

Connaissait-il les projets d'Anzorov ? Devait-il faire partie de l'opération comme le laisse supposer la présence de deux couteaux et de deux pistolets ? S'est-il « dégonflé » au dernier moment, laissant Anzorov tout seul devant le collège ? Possible, probable… Mais il ne lâche rien pendant son interrogatoire et je dois me contenter de ses contradictions avec ses dépositions au moment de son arrestation, de ses sursauts d'énervement quand le mensonge devient trop lourd, de ses « je ne savais rien » qui finissent par sonner faux face aux éléments factuels. J'attendais beaucoup des interrogatoires des complices pour éclairer le parcours d'Anzorov pendant les quarante-huit heures avant qu'il ne massacre mon frère, j'avais besoin d'être un peu dans sa tête et de comprendre ce qui l'animait. Epsirkhanov et Boudaoud ont refusé de me donner cette vérité. Je vais devoir vivre sans.

26 novembre 2024

Extraits du témoignage de Z. Chnina

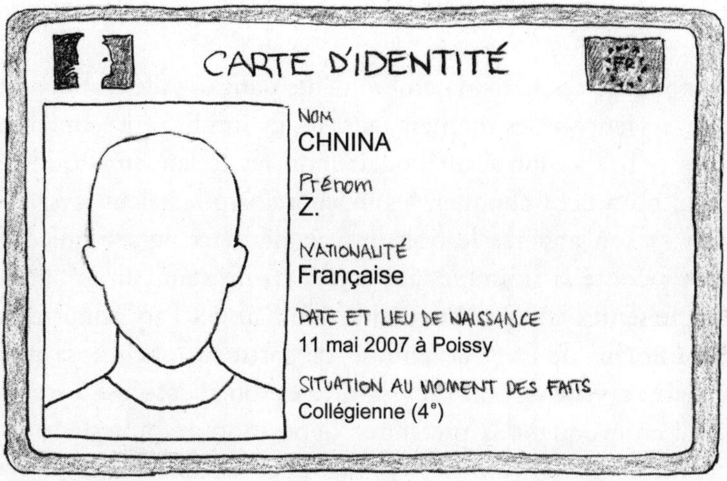

Condamnée à dix-huit mois de prison avec sursis pour dénonciation « calomnieuse » en novembre 2023 dans le cadre du procès pour mineurs.

Au moment du procès, elle est lycéenne, en classe de terminale. Elle ne vit plus à son domicile familial. Une nouvelle fois, Z. se retrouve face à la justice mais là en qualité de témoin. À sa gauche, son père Brahim Chnina dans le box des accusés. Juste derrière elle, son avocate qui éprouve bien des difficultés à se contenir. Sur les bancs du Palais de justice, sa famille est venue la soutenir…, ou lui mettre une certaine pression pour qu'elle dise bien ce qu'on attend d'elle.

Z. était, à l'époque des faits, âgée de 13 ans et demi. Z. peut-elle être considérée comme l'instigatrice de la rumeur qui a conduit à l'assassinat de Samuel Paty ? Elle en est indéniablement à l'origine.

Le 7 octobre, la principale décide de l'exclure deux jours du collège pour son indiscipline. Le moyen qu'elle choisit pour se protéger de la réaction de ses parents ? Le mensonge. Son père, Brahim Chnina, la croit sur-le-champ. Il dénonce le soir même et nominativement le comportement de Samuel Paty sur les réseaux sociaux. L'engrenage fatal est enclenché.

L'histoire de ces jours d'octobre défile dans la salle d'audience. Elle la relate, revient sur les moments-clés : « Le lundi, j'étais en cours avec M. Paty et il a annoncé qu'il allait montrer le lendemain des caricatures qui pouvaient choquer, les musulmans pourraient lever la main et sortir » ; son absence le 6 et le récit de deux de ses amies qui lui auraient raconté la substance du cours, en insistant sur le fait que les dessins présentés étaient choquants, que Samuel Paty aurait demandé aux musulmans de lever la main et de sortir ; l'appel de sa mère qui vient d'être avertie de son exclusion… et son mensonge à son père le mercredi en évoquant sa prétendue opposition au professeur face à la présentation des caricatures. « J'avais peur de décevoir mes parents. Des conneries. Je voulais rien du tout, juste couvrir mon exclusion » ; son mot d'absence qu'elle a rempli et signé ; sa rencontre avec Sefrioui le jeudi 8 octobre qui s'est présenté à elle comme un journaliste et qui veut la filmer pour « raconter [s]on mensonge ». Son exigence ? Que son visage n'apparaisse pas à l'écran. « Il m'avait dit que sa vidéo ne serait pas diffusée sur les réseaux sociaux » ; sa plainte déposée en compagnie de son père au commissariat le jeudi 8 octobre pour « diffusion d'images à caractère pornographique » ; son rendez-vous avec la principale – « Enfin, quelqu'un allait m'arrêter dans mon mensonge »

– et son ressenti – « Mais mon mensonge tenait et tout le monde me croyait » ; son autre rendez-vous avec la psychologue pendant lequel elle ne parvient pas à « avouer [s]on mensonge ». Et le vendredi 16 octobre, quand elle arrive chez elle et se dit qu'elle va enfin le révéler à son père et à sa sœur. Elle affirme, une fois de plus, ne pas y parvenir. Ce soir-là, elle se retrouve devant BFM TV et entend les informations qui deviennent de plus en plus précises sur l'attentat. « Je me disais que ça pouvait être mon prof. Après ils ont dit son identité. Je me suis effondrée dans les bras de ma sœur. » Le lendemain, Z. apprend que son père est placé en garde à vue. Elle fera elle aussi de nombreuses dépositions, toutes contradictoires, jusqu'à avouer son mensonge bien tardivement, lors d'un de ses ultimes interrogatoires.

Sa déclaration est faite. Mais elle continue. « J'aimerais m'excuser auprès de la famille. J'ai détruit votre vie, je me plains de pas avoir vu mon père depuis quatre à cinq mois, mais vous, ça fait plus de quatre ans que vous ne l'avez pas vu. Je tenais à m'excuser auprès des professeurs pour mon comportement et mon mensonge qui nous a tous ramenés ici, auprès des personnes qui sont dans le box car sans mon mensonge, elles ne seraient pas ici, envers ma famille, mes parents de vous avoir menti et qu'on se retrouve ici pour mon mensonge. Puis envers mon père. J'aurais pu éviter et personne ne serait là aujourd'hui. Désolée », ajoute la jeune femme en pleurant.

Z. répond au président de la cour d'assises spéciale. Aucune violence de la part de son père à son égard. Aucune crainte d'être maltraitée, frappée. Pourquoi s'être obstinée dans son mensonge pendant de longues semaines ? « J'étais juste dans un engrenage de mensonges. Je n'arrivais pas à dire aux policiers que c'était faux. J'ai eu peur. » Le président poursuit : « Vous vous en voulez à vous, mais pas aux adultes ? – Non. Je ne peux m'en vouloir qu'à moi-même, sans mon mensonge il n'y aurait pas eu tout ça. »

Il y a un an, Z. comparaissait devant le tribunal des enfants pour ce « mensonge répété » qu'elle avait reconnu. La jeune femme n'avait présenté aucune excuse à la famille Paty. « J'ai tenté, je n'ai pas réussi comme il fallait. Aujourd'hui c'est la dernière fois que je prends la parole comme ça, donc ça me tenait à cœur. Si une personne devrait être condamnée, c'est moi. »

Plusieurs avocats des deux parties la questionnent. Même si lors du procès pour mineurs, elle a pu défendre un point de vue moins accommodant vis-à-vis de son père en l'accusant d'avoir déclenché une « fatwa numérique », ce jour elle reste inflexible en suivant sa ligne de défense : elle assume seule les conséquences de son mensonge et ne cesse de réhabiliter Brahim Chnina sur différents aspects, qu'ils soient comportementaux ou religieux. Virginie Le Roy se déclare « surprise » de cette « volte-face ». L'avocate considère que les paroles de Z. ne peuvent pas « avoir de valeur s'il n'y a pas de vérité et d'authenticité » et avance que sa présence, ses propos ne sont là que pour la défense de son père. Il n'y a peut-être que l'un des avocats de son père, Frank Berton, qui la fait vaciller lorsqu'il lui demande si elle pense que son père a changé depuis le temps qu'elle ne l'a pas vu. Elle est en larmes.

Je ne peux m'en vouloir qu'à moi-même, sans mon mensonge, il n'y aurait pas eu tout ça.

Comment ne pas la haïr ? Comment ne pas éprouver une haine profonde pour celle sans qui mon frère serait encore vivant aujourd'hui ?

Elle s'avance à la barre avec un look d'étudiante modèle, minijupe plissée, chemisier blanc et nœuds dans les cheveux. Elle ne peut duper personne, en tout cas pas moi. Elle n'a jamais un regard pour notre famille… à l'image de ce qu'il s'est passé deux semaines durant, au procès des mineurs pendant lequel elle nous a ostensiblement tourné le dos. Aucun mot sincère, aucune émotion, aucune explication ne sort de sa bouche. Elle ne nous a rien donné. Je ne lui donnerai rien en retour, ni ma haine ni ma pitié et encore moins mon pardon.

25 novembre 2024, la veille…

Extraits de l'audition de deux enquêteurs de la sous-direction antiterroriste (SDAT) devant la cour d'assises spéciale de Paris

Enquêtrice, identifiée comme « SDAT 289 »

Les vidéos « mensongères et haineuses » d'Abdelhakim Sefrioui et de Brahim Chnina contre le professeur sont devenues « virales ».

« Il y a une volonté de faire le buzz. »

« C'est par cette campagne médiatique qu'Anzorov a appris l'existence de Samuel Paty et du collège. »

« En livrant Samuel Paty à la vindicte populaire dans le contexte de la republication des caricatures, M. Sefrioui ne pouvait ignorer qu'il faisait de cet enseignant une cible. »

Elle revient sur la republication des caricatures de Mahomet par *Charlie Hebdo* et la tentative d'assassinat devant les anciens locaux du journal le 25 septembre : dans ce « contexte délétère », un « climat de tensions exacerbées », M. Sefrioui publie, le 11 octobre, une vidéo intitulée « L'islam et le Prophète insultés dans un collège public, #levraiséparatisme ».

« M. Sefrioui utilise l'espace de liberté permis par la République, mais ses propos peuvent conduire des jeunes dans le mauvais chemin. »

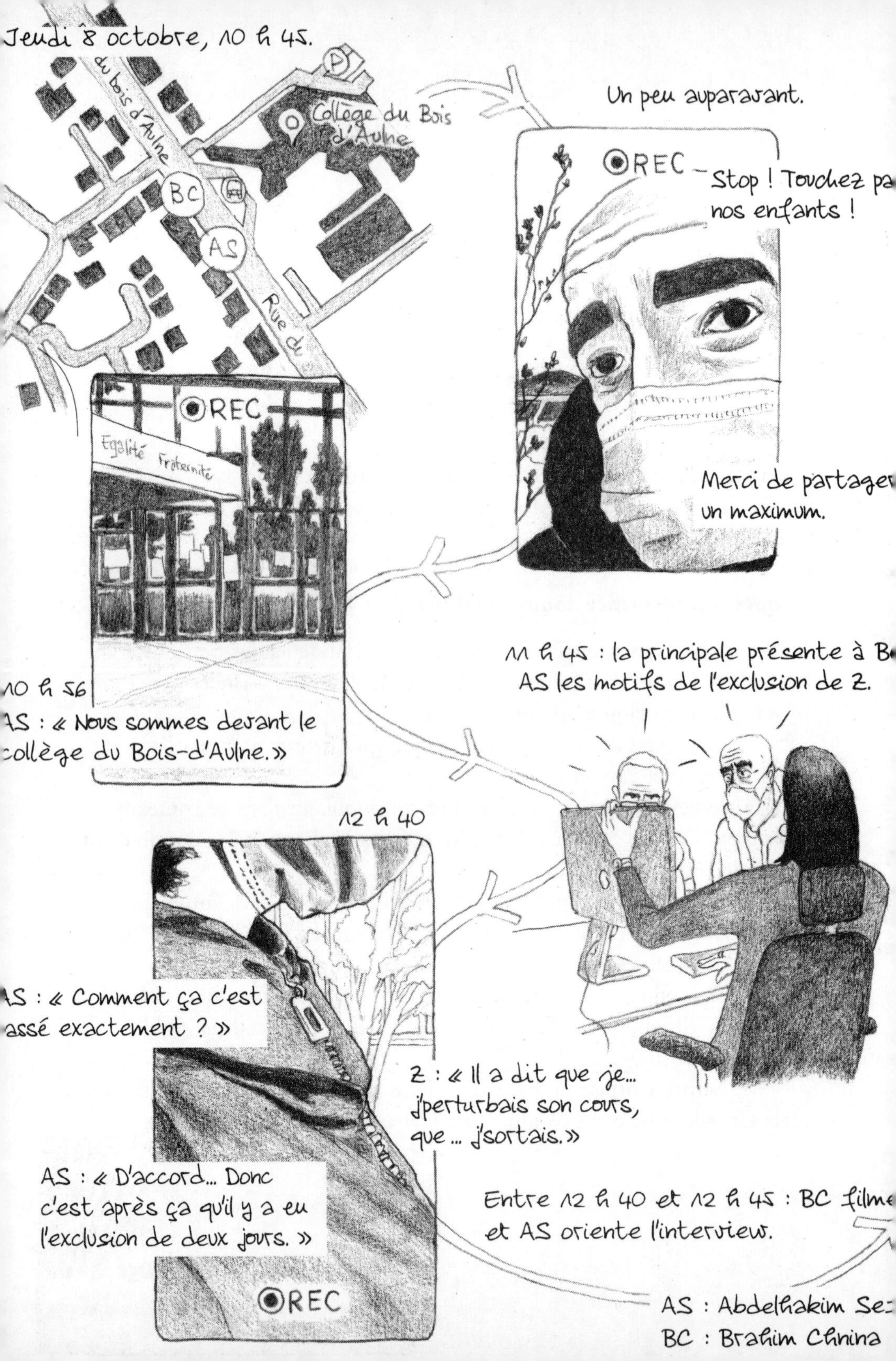
Jeudi 8 octobre, 10 h 45.
du bois d'Aulne
Collège du Bois d'Aulne
BC
AS
Rue du
Un peu auparavant.
REC
Stop ! Touchez pa
nos enfants !
Merci de partage
un maximum.
REC
Egalité Fraternité
10 h 56
AS : « Nous sommes devant le
collège du Bois-d'Aulne. »
11 h 45 : la principale présente à B
AS les motifs de l'exclusion de Z.
12 h 40
AS : « Comment ça c'est
assé exactement ? »
Z : « Il a dit que je…
j'perturbais son cours,
que … j'sortais. »
AS : « D'accord… Donc
c'est après ça qu'il y a eu
l'exclusion de deux jours. »
REC
Entre 12 h 40 et 12 h 45 : BC filme
et AS oriente l'interview.
AS : Abdelhakim Se
BC : Brahim Chnina

19 h 39 : BC publie sa vidéo.
AS, 19 h 53 : L'enregistrement il est bien
... il faut que la pression soit maximale.
AS, 19 h 57 : Est-ce que tu veux que
je mette ton nom sur la vidéo ?
BC, 20 h : Vous pouvez mettre
Brahim et mon numéro de téléphone.
BC, 20 h 40 : Nous sommes
au commissariat.
AS, 20 h 41 : Très bien.
AS, 22 h 04 : je me suis inquiété pour toi.
Tu m'as dit commissariat, vous êtes partis
pour un dépôt de plainte. Dis-moi ce qu'il y a
s'il te plaît, s'il faut je bouge, je peux
bouger ou quoi? Ne me laisse pas dans cet
état-là, tiens-moi au courant, salutations...
medi 10 octobre, 18 h 35
REC
Abdelhakim SEFRIOUI
membre du bureau du Conseil des Imams de France
: ... Si jamais on accepte ça, et ben on
rivera peut-être à ce qui s'est passé à
ebrenica...
Dimanche 11 octobre, 13 h 26
AS : Juste pour une précision, je suis en
train de finir la vidéo, j'ai mis toute ton
intervention là-dedans, et celui de Z. aussi,
donc appelle-moi.
octobre, 23 h 50 : AS publie sa vidéo
Pour rester mobilisés
Ibrahim Papa de Z. 00 33 x xx xx xx xx
Abdelhakim Sefrioui 00 33 XXX XX XXXX
Dernière image de la vidéo d'AS

Enquêteur, identifié comme « SDAT 172 »

Lui revient sur l'activisme politique d'Abdelhakim Sefrioui, ses « méthodes d'action » : sympathisant des Frères musulmans, créateur en 2004 du collectif pro-Hamas Cheikh Yassine (qui sera dissous le 21 octobre 2020) reprenant le nom du fondateur du Hamas, participant à de nombreuses manifestations propalestiniennes. Sefrioui « n'hésite pas à s'afficher aux côtés de personnalités comme Dieudonné ».

En avril 2009, Sefrioui organise une manifestation devant la Grande Mosquée de Paris dont l'objectif est le départ de l'imam Dalil Boubakeur pour qui le Hamas représente « un danger pour les Palestiniens ».

En 2010, le propagandiste multiplie les manifestations devant la mosquée de Drancy (Seine-Saint-Denis) dirigée par l'imam Hassen Chalghoumi, qualifié d'« imam des juifs » et de « voyou » ; un terme qu'il emploiera aussi pour qualifier Samuel Paty. En 2011, il est un personnage central dans le relais médiatique des attaques contre le lycée Auguste-Blanqui de Saint-Ouen où des lycéennes auraient été menacées d'expulsion pour avoir porté une abaya. Le « mode opératoire » utilisé par Sefrioui s'apparente à celui d'octobre 2020 : il publie sur les réseaux sociaux des vidéos dans lesquelles les lycéennes expliquent avoir été « humiliées et discriminées ». Il se rend auprès de la principale du lycée en se présentant comme un responsable religieux et la menace d'organiser devant le lycée une manifestation religieuse.

La conclusion des enquêteurs s'impose d'elle-même : « menaces », « manipulation » et « médiatisation ». Pourquoi ? Pour « instrumentaliser les valeurs de la République dans une logique de conquête des institutions à travers la victimisation des musulmans ».

Les enquêteurs de la SDAT et de la DGSI se succèdent à cette barre pour parler de longues heures des parcours et des faits reprochés à chacun des accusés. Pour certains, en visioconférence, visage caché, et pour d'autres dans la salle d'audience, mais toujours sous couvert d'anonymat, affublés de noms de codes comme SDAT 287 ou 1721 SI. C'est impressionnant, je n'imaginais pas auparavant que ces enquêteurs devaient préserver leur identité pour leur sécurité.

Avant d'assister à l'audience, impossible pour moi de me plonger totalement dans l'enquête, trop douloureux je pense, une manière de mettre encore à distance les faits pour continuer à rester debout. Mais je savais qu'ici, dans cette salle d'audience, devant la cour qui allait juger les accusés, j'en serais capable. J'ai tout écouté dans le moindre détail, j'ai regardé les schémas, les photographies et les vidéos projetés, je me suis plongée intégralement dans les méandres de cette enquête. J'en avais besoin et le cadre solennel d'un tribunal était le lieu qui rendait possible cette quête de vérité.

Je découvre ainsi les parcours de Chnina et Sefrioui. J'assiste aux explications détaillées des faits reprochés à ces deux accusés et notamment aux « coulisses » de la conception des deux vidéos à travers les rushs coupés au montage mais retrouvés par les enquêteurs. Et là, je n'ai plus aucun doute sur leurs véritables intentions : ils voulaient nuire à Samuel, et ont ouvert en connaissance de cause la boîte de Pandore. C'est pour moi un moment-clé du procès : l'enquête démontre avec intelligence ce qui ne sera jamais avoué par les accusés, retranchés dans leur position défensive.

2 décembre 2024

Extraits de l'interrogatoire de Brahim Chnina

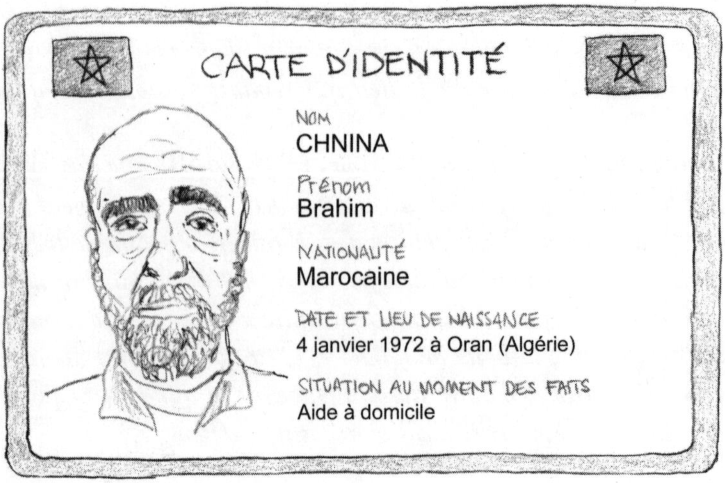

Détenu au centre pénitentiaire de Fresnes.

Conseils : maîtres Frank Berton, avocat au barreau de Lille, Louise Tort, avocate au barreau de Paris, commise d'office et Nabil El Ouchikli, avocat au barreau de Bobigny.

Antécédents judiciaires : Brahim Chnina est connu des services de police en qualité d'auteur de plusieurs infractions.

Chef d'accusation : poursuivi pour avoir participé « à l'élaboration et la diffusion de vidéos présentant des informations fausses ou déformées destinées à susciter un sentiment de haine » à l'encontre de Samuel Paty. Il encourt trente ans de réclusion criminelle pour « association de malfaiteurs terroriste ». Il réfute toute culpabilité.

Cette journée est entièrement consacrée au père de Z. qui a enclenché la rumeur, l'engrenage fatal sur la base des mensonges de sa fille. Il prétend attendre depuis longtemps « ce moment en espérant être cru ». Une question est au centre des interrogatoires et des plaidoiries : quelle est sa responsabilité dans l'assassinat de Samuel Paty ? Aucune, selon lui.

En quatre ans de détention, Brahim Chnina paraît en avoir pris dix. Au cours du procès, cet homme voûté semblait s'endormir sur sa table et tenter d'écouter comme il le pouvait. Comme ses avocats, il insistera d'ailleurs longtemps sur son état de santé.

Des personnes l'ont prévenu rapidement que sa fille mentait. D'autres l'ont alerté du danger de ses actions : avoir publié les premiers messages de délation sur Samuel Paty et posté une vidéo sur les réseaux sociaux. Le père de Z. reconnaît sa faute : « Ce que j'ai fait est irréparable et impardonnable. » En revanche, il réfute le motif de la peine qu'il encourt : « Je ne fais pas partie d'une association de malfaiteurs terroriste. C'est vrai que j'ai fait des messages et une vidéo qui ont mal tourné, et je regrette infiniment ce que j'ai fait mais je ne suis pas un terroriste. Je reconnais la vidéo mais pas l'association de malfaiteurs terroriste. J'observe une pratique classique de la religion. L'islam est une religion de paix. » Il ajoute peu après : « Si je suis parti en Syrie, c'était juste pour faire revenir ma sœur. Je respecte beaucoup les professeurs. »

Brahim Chnina dit aussi regretter d'avoir « cru sa fille à 100 % », mais précise qu'il ne peut pas « tout lui mettre » sur le dos. Elle a commis « une faute et moi j'en ai fait autant ». Dans le message du 7 octobre, rappelle le président, « vous écrivez à votre communauté : "Le prof s'est vanté auprès de ma fille d'avoir participé à la manif de *Charlie Hebdo*. Il faut virer ce malade." C'est une démarche accusatrice.

B.C. – C'est vrai et je m'en excuse mais je n'étais pas en colère. Je pensais pas que ça prendrait cette ampleur. Je cherche toujours l'apaisement. J'ai répété le mensonge de ma fille. Je pensais que M. Paty voulait forcer les élèves à être *Charlie*. Je pensais qu'il faisait pression. Je condamne tous les attentats. Ça me fait mal. Les terroristes donnent une mauvaise image des musulmans.

Le président. – Culpabilisez-vous de ne pas vous occuper assez de votre fille, compte tenu de la séparation ?

B.C. – Oui bien sûr. Je suis un papa poule. J'ai toujours défendu mes filles. Je l'ai crue. C'est ma faute.

Le président. – À aucun moment, vous vous dites que votre fille peut mentir ? Pourtant, elle avait déjà menti. Votre sœur la décrit comme une manipulatrice.

B.C. – Je sais que les enfants peuvent mentir mais des petits mensonges. Pas aussi gros que ça. Mais l'exclusion de deux jours, c'est ça qui m'a fait vraiment mal. S'il n'y avait pas eu cette sanction, je ne serais pas venu au collège. »

Il dit avoir été informé le 7 octobre de l'exclusion de sa fille et l'avoir pris comme une « punition ». Il dément que le vrai « problème », ce soient les caricatures montrées par l'enseignant. « J'étais froissé un petit peu qu'on montre un homme nu à quatre pattes en disant que c'est le Prophète des musulmans. Je vais pas vous mentir, mais c'est pas la première chose. Ce qui m'a fait le plus mal, c'est l'exclusion, la discrimination, ensuite les caricatures : je les mets bien dans cet ordre-là. J'ai merdé. À un moment, j'ai cru que M. Paty n'aimait pas les musulmans. »

Dans la soirée, il publie sur les réseaux sociaux ses deux messages diffamatoires envers Samuel Paty ; le second nomme l'enseignant et fournit l'adresse du collège. Brahim Chnina accepte alors la proposition de Sefrioui formulée à 23 h 59 car il « avait l'habitude de gérer ce genre de situation dans les écoles, j'ai accepté son aide ». Lors de cette conversation téléphonique, Sefrioui le conseille au sujet de son intention de se rendre au collège le lendemain : « N'y va pas tout seul. On va te marcher dessus. » Le président de la cour rappelle au père de Z. que, lors de leur intrusion au collège le 8, l'agente d'accueil les a trouvés « très virulents. Elle a eu très peur » et poursuit : « Qui a dit la phrase "Si on avait été juifs, ça ne se serait pas passé comme ça" ? Vous ou Sefrioui ?

B.C. – J'ai un trou de mémoire.

Le président. – Vous ne vous souvenez plus ? La principale a dit que Sefrioui était le leader.

B.C. – Il était plus vieux que moi, représentant des imams de France. Il avait la parole.

Le président. – Vous traitez tous les deux Samuel Paty de voyou et exigez son renvoi. Vous menacez d'une manifestation de musulmans devant le collège et la venue de la presse. Or, à l'origine, vous aviez dit que vous vouliez juste négocier la sanction de votre fille.

B.C. – C'est Sefrioui. C'est pas moi. C'est pas des menaces. Vous avez raison : j'aurais dû dire non à Sefrioui. Si la principale m'avait dit que ma fille n'avait pas participé au cours, rien de tout ça ne serait arrivé. Nous nous sommes emportés un petit peu.

Le président. – La principale vous a montré à tous les deux sur l'écran de son ordinateur les sanctions de votre fille depuis le début de l'année. Donc tout le monde a bien compris que ces deux jours d'exclusion n'avaient rien a voir avec le cours de M. Paty ?

B.C. – On l'a pas crue.

Le président. – Vous pensez que seul, le rendez-vous se serait mieux passé ? C'est l'avis de la principale.

B.C. – Il ne se serait pas passé comme ça, en tout cas. »

Chnina a réalisé une première vidéo le jeudi 8 octobre au matin qu'il a adressée le soir même à ses contacts ; une vidéo qui sera ensuite mise en ligne sur la chaîne YouTube Grizzlyrous. D'une durée de 2 minutes 22 secondes, intitulée « Un professeur fait sortir les musulmans de la classe pour montrer la caricature du Prophète nu », Chnina y prétend que Samuel Paty a stigmatisé les musulmans et montré aux élèves « la photo d'un homme tout nu en leur disant c'est le Prophète ». Le père de Z. encourage ses contacts à partager « au maximum » la vidéo et à dire « STOP ! Touchez-pas à nos enfants » tout en déclarant : « Ce voyou ne doit plus rester dans l'Éducation nationale et éduquer nos enfants. »

Après l'entrevue avec la principale, Sefrioui l'encourage à réaliser une seconde vidéo devant le collège, alimentée par « certaines questions orientées » dans laquelle Z. répète son mensonge. Lui et Chnina y figurent. Dix minutes de propagande filmée, montée par Sefrioui le week-end suivant et mise en ligne sur YouTube le dimanche soir. « Les choses se sont emballées petit à petit. » Chnina dit avoir reçu de plus en plus d'appels et les « échanges avec Sefrioui, jusqu'à ce malheureux jour du 16 octobre » se sont multipliés.

L'engrenage qu'il a enclenché ? Chnina prétend le regretter. « Le mot "voyou" n'est pas dans mon vocabulaire, il ne fait pas partie de mon langage », assure-t-il tout en s'excusant auprès de la famille Paty pour ce choix sémantique. Pourquoi l'a-t-il utilisé, alors ? Parce qu'Abdelhakim Sefrioui l'avait employé. « C'est nous deux. »

Au sujet d'Anzorov ? Amnésie totale. Malgré les investigations menées qui exposent « neuf contacts sur la période du 9 au 13 octobre 2020 entre [lui] et Abdoullakh Anzorov », Chnina ne se souvient pas vraiment avoir eu des conversations avec lui. « Il paraît que oui, mais j'ai reçu tellement de messages que je ne sais plus. Il a dû soit me proposer une aide financière, soit me dire qu'il allait être présent à la manifestation. » Pourtant, il a continué à livrer le nom de Samuel Paty dans des messages privés, notamment au terroriste. En fait, Chnina n'a pas grand-chose à répondre. Jusqu'à son incarcération, il s'obstine à affirmer n'avoir jamais été au courant de l'absence au collège de Z. le 6 octobre. « Beaucoup en ont rajouté après l'attentat. »

Le président de la cour insiste sur le contenu de certains de ses messages : « Vous écrivez : "Si vous aimez le Prophète", vous pensez donc que M. Paty n'aime pas le Prophète ?

B.C. – J'ai pensé qu'il n'aimait pas les musulmans, d'après les dires de ma fille.

Franck Zientara. – Samuel Paty écrit justement dans son cours que le risque de publier ces caricatures est de provoquer les islamistes et des attentats. Vous mesurez que c'est un terrain extrêmement sensible et que ça peut déraper ?

B.C. – J'y ai pas pensé.

F.Z. – Vous avez posté le soir une vidéo de deux minutes et quelques. Dans quel but ?

B.C. – J'étais submergé de messages suite à mes posts. C'était pour répondre à tout le monde en même temps.

F.Z. – Mais dans cette vidéo, vous dites : "Quelle est cette haine. Pourquoi cette haine ? Pourquoi ?"

B.C. – Je ne me rappelle plus. »

La hiérarchie entre discrimination et blasphème est un des axes principaux des conseils de la partie civile et de la défense. Un autre débat essentiel tourne autour d'une autre question : y avait-il dans l'entente formée entre Chnina et Sefrioui l'intention de parvenir à un acte terroriste ?

Maître Francis Szpiner intervient et rappelle le contenu des messages que Chnina avait diffusés sur WhatsApp puis sur Facebook le 7 octobre 2020, quelques heures après avoir été au courant de l'exclusion de sa fille : « En général, on n'a pas assassiné des gens pour discrimination, on a assassiné des gens pour blasphème. Il y a eu *Charlie Hebdo*, vous êtes au courant. Dans un premier message, vous dénoncez un blasphème et une discrimination, dans le deuxième vous dénoncez l'auteur. Premier message : "Ce professeur diffuse l'image de notre cher bien aimé Prophète." Vous admettez que ce n'est pas que la discrimination, la question de l'atteinte au Prophète est aussi importante ?

B.C. – Oui.

F.S. – Deuxième message : vous donnez le nom du professeur et l'adresse du collège. Premier temps, une accusation de blasphème, deuxième temps, le nom de l'auteur du blasphème.

B.C. – Vous parlez que de blasphème, y a aussi la discrimination.

F.S. – Personne n'a été assassiné pour discrimination !

B.C. – Mon message n'était pas dans ce but…

F.S. – Je ne parle pas de vos intentions, mais des faits. Quel est votre troisième message ? "Chers frères et sœurs, soyons fiers de notre religion et de notre Prophète." Pour moi, vous êtes toujours sur le blasphème ?

B.C. – Maître, je ne sais pas pourquoi vous êtes bloqué sur le blasphème. Mon combat n'était pas contre le blasphème. »

L'avocat cite une autre phrase de Brahim Chnina qui reprend les propos de sa fille selon laquelle Samuel Paty s'était « vanté d'avoir été à une marche pour *Charlie Hebdo* ». « Parce que Samuel Paty a été tué pour ça ! » rappelle Francis Szpiner.

En ce qui concerne les commentaires apparus sous ses publications comparant Samuel Paty à un « porc » ou à « Hitler » et laissant planer l'idée d'une intention de vengeance sur l'enseignant, Brahim Chnina répond : « Je me rappelle pas, je les ai pas lus » et continue : « J'ai été submergé » par un « tsunami ».

« Il y a être dépassé et ne pas vouloir savoir, précise le président.

B.C. – J'ai aussi reçu des menaces de mort. J'ai été beaucoup médiatisé, les médias qui sont ici d'ailleurs n'arrêtent pas de donner mon nom. On sait pas ce qui pourrait arriver.

Le président. – La médiatisation est justement ce qui a conduit à ce qui est arrivé à M. Paty.

B.C. – Malheureusement.

Le président. – Médiatisation à laquelle vous avez participé.

Virginie Le Roy. – Donc vous pensiez que la principale préparait un complot contre vous ?

B.C. – Oui.

V.L.R. – Il n'y a pas un jour sans que vous n'ayez reçu une alerte. Il y a un acharnement de votre part que je ne m'explique pas.

B.C. – Je ne peux pas vous laisser dire que je me suis acharné ! J'ai essayé de créer un lien avec M. Paty, ça n'a pas marché. Je suis sûr que si je l'avais rencontré, il n'y aurait pas eu tout ça. Je n'avais aucune intention de faire du mal à Samuel Paty.

V.L.R. – Vous dites que vous êtes responsable, mais responsable de quoi ?

B.C. – De la vidéo et des messages que j'ai faits. Je n'avais aucune intention de faire du mal à M. Paty et ça je veux que sa famille le sache du fond du cœur. Je voudrais m'excuser auprès de la famille Paty. Je n'ai jamais voulu faire de mal à M. Paty. Paix à son âme.

V.L.R. – Nous n'avons pas besoin de vos excuses monsieur. »

Louise Tort renonce à poser des questions à son client après plus de onze heures d'interrogatoire et prononce ces paroles : « Je vois le regard de mon client. Il n'a plus un pet de jus. » Il est 20 h 10. L'audience est terminée.

Deux semaines après son arrestation, Brahim Chnina avait affirmé qu'il avait « l'impression que quelqu'un [lui] avait tendu un piège ». Il se disait certain de l'existence d'un complot fomenté par la direction du collège. Il visait la principale qui aurait fabriqué de faux témoignages.

Brahim Chnina est un nom qui a résonné pendant quatre ans dans ma tête, le nom de celui qui a diffusé l'identité de mon frère sur les réseaux sociaux, le nom de celui qui a réalisé la vidéo de haine contre Samuel, le nom de celui qui a mis une cible dans son dos…

Cette vidéo a été vue par Anzorov, elle l'a convaincu d'agir, lui qui cherchait une figure à abattre depuis plusieurs semaines. Comment puis-je accepter aujourd'hui d'entendre Chnina dire qu'il reconnaît avoir diffusé la vidéo mais qu'il ne se sent pas responsable des conséquences ? Pire, qu'il est victime de l'enchaînement des faits ? Victime des mensonges de sa fille, victime du collège qui ne lui aurait pas dit la vérité ? Victime, il n'a eu que ce mot à la bouche tout le long de son interrogatoire.

Non ! On ne peut pas impunément diffuser des messages de haine et se laver les mains des conséquences. La justice l'a bien compris en poursuivant Brahim Chnina pour association de malfaiteurs terroriste : ce n'est pas un coup du destin qui a placé Anzorov devant Samuel, c'est un engrenage complexe, fait d'hommes et de femmes convaincus par une idéologie mortifère, qui chacun ont contribué à leur manière à l'assassinat de mon frère. Et le premier rouage de cet engrenage fut cette vidéo et ces messages. Alors, non, M. Chnina n'est pas une victime et il devrait se mortifier sous le poids de la responsabilité qui est la sienne. Comme je l'ai dit à la barre, et malgré ses paroles obséquieuses, totalement inappropriées, je n'accepterai jamais d'excuses de la part de quelqu'un qui refuse d'admettre sa responsabilité.

3 décembre 2024

Extraits de l'interrogatoire d'Abdelhakim Sefrioui

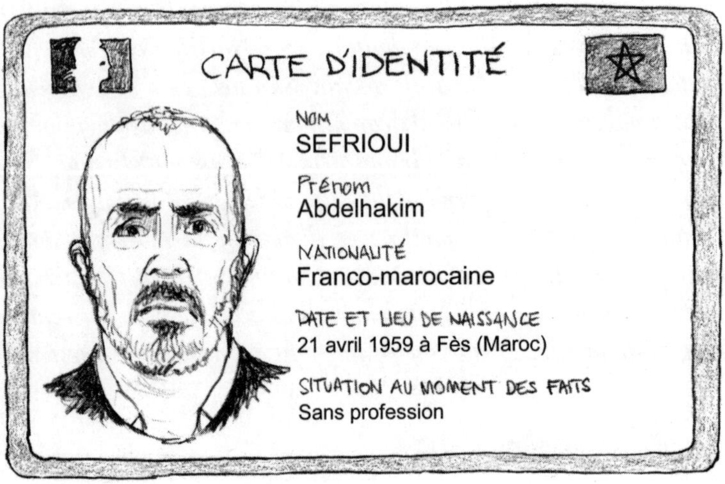

Détenu au centre pénitentiaire de Paris-La Santé.

Conseils : maîtres Vincent Brengarth, avocat au barreau de Paris et commis d'office, Ouadie Elhamamouchi, avocat au barreau de Nanterre, Colomba Grossi, avocate au barreau de Paris et commise d'office.

Antécédents judiciaires : connu pour son appartenance à la mouvance islamiste radicale. Fiché S.

Chef d'accusation : poursuivi pour avoir participé « à l'élaboration et la diffusion de vidéos présentant des informations fausses ou déformées destinées à susciter un sentiment de haine » à l'encontre de Samuel Paty. Il encourt trente ans de réclusion criminelle pour « association de malfaiteurs terroriste ». Il réfute toute culpabilité.

Extraits du témoignage de l'imam Hassen Chalghoumi

Il a tenu à venir raconter son calvaire « depuis que Sefrioui est entré dans [s]a vie ». Nous sommes le 27 novembre 2020. Depuis qu'il a pris position contre le port du voile intégral, il est visé par des menaces de mort et est placé sous protection policière. « Je suis le seul imam au monde qui prêche avec un gilet pare-balles. Prendre un café en terrasse est devenu un confort pour moi. Je ne peux le faire que dans des pays qui ne me connaissent pas. Des gens ont mis ma tête à prix à 250 000 euros. » Il a été une des cibles de Sefrioui. « [Il] m'appelait "l'imam des juifs", me traitait de "traître". Dans sa bouche, c'est un appel au meurtre. Et aussi de "voyou", comme il l'a fait avec Samuel Paty. » Le parallèle est rapidement effectué entre ce qu'ont enduré les deux hommes. « Il n'y a pas d'appel à tuer M. Paty », souligne le magistrat. « Monsieur le président, on n'a pas besoin d'utiliser ce vocabulaire. Quand on appelle un homme un "voyou", un "traître" qui a blessé les musulmans, c'est un environnement de fatwa. Il prépare le terrain. Cette vidéo a circulé jusqu'à ce qu'un individu fragile passe à l'acte. »

Extraits du procès-verbal d'une des filles d'A. Sefrioui

Une de ses filles a été dans l'impossibilité de venir témoigner, expliquant souffrir d'un syndrome post-traumatique. Au cours de son audition devant la police en 2020, elle avait dénoncé un père violent, antisémite, islamiste. La lecture d'un procès-verbal remplace aujourd'hui sa déposition. « Je sens la responsabilité de mon père dans l'horrible mort de Samuel Paty [...]. [C'] était un homme extrêmement violent. Il m'insultait. Il voulait tout contrôler jusqu'aux nombres de feuilles de papier que j'utilisais aux toilettes. Il m'appelait la "juive" » [...] Mon père était un adepte des séances d'exorcisme. [...] Il me frappait. [...] Pour lui, la religion est un outil. Il s'en sert pour mieux contrôler les autres. » Son collectif était « plus un engagement contre les juifs que pour la Palestine ». Lors de la publication des caricatures de *Charlie*, « il était dans une grande colère. Je ne comprenais pas. Pour un soi-disant blasphème alors que lui-même, tous les jours, insultait et blasphémait la religion juive ? Depuis Salman Rushdie, j'entendais mon père dire que les fatwas contre lui étaient normales et qu'il méritait de mourir ». Aujourd'hui, la jeune femme a entamé des démarches pour changer son patronyme. Elle ne porte plus le voile comme on l'y obligeait et a rompu avec l'ensemble de sa famille.

Extraits de l'interrogatoire d'Abdelhakim Sefrioui

« Je refuse l'accusation d'association de malfaiteurs terroriste. Le plus important pour moi, c'est de me laver de ce crime, qui est l'abomination. Je ne suis pas islamiste radical. Je suis un militant politique. Je revendique la laïcité. » Ce qui s'est produit est un « événement malheureux, un incident. Je ne suis pas dans la chaîne », lâche Sefrioui.

Ce militant islamiste virulent veut donner l'image d'un homme sage, d'une sorte d'envoyé de la paix et de la justice. « Je représente les sans-voix. J'interviens au nom du droit. Ma vie, c'est de dénoncer les injustices par la bonne parole et le bon comportement, en aucun cas en commettant une injustice. L'islam est une religion de paix. » En 2006, l'« imam » Sefrioui, comme il se qualifie, préface un ouvrage de l'imam Youssef Qaradhawi, le maître à penser des Frères musulmans. Un an plus tard, pour la présidentielle de 2007, il s'essaie en politique et se rapproche de l'histrion antisémite et complotiste Dieudonné

M'Bala M'Bala. A. Sefrioui a été le leader du groupuscule islamiste et pro-terroriste, le collectif Cheikh Yassine, dénomination donnée en l'honneur du fondateur du Hamas à Gaza. Les manifestations qu'il a organisées appelant à la destruction d'Israël ? C'est pour « des causes justes et nobles. C'est ma raison de vivre ». Sa librairie à Paris dans laquelle étaient vendus des ouvrages antisémites ? « Un moyen pour recruter. »

Ses liens idéologiques avec l'islamisme radical ne font pourtant aucun doute ; son activisme, non plus. Ceux qui s'opposent à l'homme paraissent endurer un cauchemar. Sefrioui nie en bloc tout ce qui le dessert et ne cesse de clamer son innocence : les déclarations de la principale, de sa fille, d'Hassen Chalghoumi, etc. Tout est faux. Ce qui est peut-être le plus frappant réside dans la différence de personnalité qui saute aux yeux au sein du duo Chnina-Sefrioui. Abdelhakim Sefrioui se tient debout, bien droit pendant les longues heures d'interrogatoire ce 3 décembre. Son interrogatoire est à son image : celle d'un homme déterminé, autoritaire, offensif qui affiche ses certitudes, élude certaines questions « gênantes » et ne demande aucunement pardon à la famille Paty. Son rôle dans l'engrenage fatal sachant qu'il affirme qu'A. Anzorov n'a pas vu sa vidéo ? C'est une des questions au centre de son interrogatoire.

D'ailleurs, est-ce que cette vidéo a vraiment « changé quelque chose » ? Sa réponse est sans ambiguïté : « Non. » Sa démonstration pourrait paraître implacable. Il n'omet pas de mentionner qu'il n'y cite pas Samuel Paty : « Brahim Chnina avait déjà publié son message dans lequel il donne le nom du professeur. Le tueur a choisi sa cible le 9 octobre, ma vidéo est sortie le 12, trois jours après que le projet d'Anzorov soit ficelé. Je ne suis pas dans la chaîne du tout. La victime c'est M. Paty. Anzorov cherchait une cible. Tous ces éléments disent que cette vidéo est en marge de tout cela. »

« Vous avez dit : "Si ma vidéo n'existait pas, est-ce que ça aurait changé quelque chose ?" J'espère que vous avez compris qu'on vous reproche bien davantage, souligne le procureur. Je suis étranger à ce crime » répète une nouvelle fois Sefrioui.

C'est comme si son compère Chnina et lui avaient agi chacun de leur côté sans se concerter, ou si peu. Une interaction minimaliste, sans incidence sur la suite, qui ne convainc pas vraiment une partie de l'enceinte judiciaire. Bref, aucune responsabilité dans toute cette histoire : Sefrioui serait seulement « venu accompagner » le père de Z. au rendez-vous avec la principale. Chacun a filmé sa vidéo sans forcément avoir visionné celle de l'autre. « Je ne lui ai donné ni conseil ni assistance dans toutes ses démarches, je l'ai juste accompagné au collège. »

Quelle était la véritable intention des deux hommes ? Pendant le procès, plusieurs journées ont été consacrées à cette question. Le décryptage de leurs messages WhatsApp, des vocables utilisés, des motifs évoqués pour justifier une sanction contre Samuel Paty ont confirmé qu'ils lui reprochaient l'atteinte au Prophète et non pas la discrimination des musulmans. Car tous ces éléments mis bout à bout ont permis à la cour de dire : oui, c'est une entente terroriste qu'ils ont formée. Ils se sont coordonnés. Ils se sont donné l'un et l'autre des conseils. Ils se sont rencontrés. Ils ont prévu de faire des choses ensemble, etc. Et cette entente avait bien pour finalité de parvenir à un acte terroriste.

Le président de la cour questionne Sefrioui à propos du contexte idéologique : aurait-il pu percevoir « que c'était un terrain sensible, qui pouvait se révéler dangereux » ? Réponse de l'intéressé : « Comment aurais-je pu évaluer ce risque alors que l'État lui-même ne l'a pas fait ? » Et de continuer : « Le 16, j'aurais aimé être là-bas pour empêcher le crime. Je reproche exclusivement la discrimation. Est-ce que l'on a le droit de s'exprimer ? »

Drapé dans son habit de justicier qui s'avère pourtant bien froissé pendant ces neuf heures d'interrogatoire, il poursuit : « Je ne suis pas donneur de leçon. Je suis quelqu'un qui déteste les injustices. » Son parcours mis en avant par les enquêteurs, par les spécialistes de l'idéologie islamiste, par la déposition de l'une de ses filles, par l'interrogatoire de sa compagne montre incontestablement son antisémitisme et ses connivences, pour ne pas dire plus, avec la cause qu'il défend avec véhémence, avec violence et sans aucun scrupule : l'islam politique.

Les avocats d'Abdelhakim Sefrioui, maîtres Colomba Grossi, Ouadie Elhamamouchi et Vincent Brengarth soulèvent un des points au centre de leur défense pour exonérer leur client de toute culpabilité : la mention de Hayat Tahrir al-Shâm (HTS), un groupe terroriste syrien affilié à al-Qaida mené par un certain Abou Mohammed al-Joulani qui a mis fin au pouvoir de Bachar al-Assad en Syrie et un homme, Faruq Shami (de son vrai nom Farrouk Faizimtov), qu'ils considèrent comme le commanditaire de l'attentat. Cette information planera sur le procès et ressurgira le 10 décembre durant l'interrogatoire d'Ismaël Gamaev, deux jours après l'entrée des rebelles à Damas et de la chute de Bachar al-Assad.

Fin septembre, les avocats de Sefrioui avaient réclamé qu'un mandat d'arrêt soit émis auprès de ce recruteur du groupe islamiste alors qu'ils demandaient le non-lieu pour leur client. HTS et Faruq Shami avaient été une nouvelle fois évoqués au premier jour d'audience, le 4 novembre. Pour quelles raisons s'entêtent-ils, afin d'innocenter leur client, à revenir sur l'existence de cet homme et à le placer au centre de leur raisonnement ?

La raison en est assurément que le 16 octobre 2020, Abdoullakh Anzorov avait envoyé à Faruq Shami une photo de son crime pour se féliciter de son geste. Quelques jours auparavant, il vantait HTS comme étant le groupe le plus attirant pour rejoindre « le vrai djihad » sur Snapchat. Un mois plus tôt, le 13 septembre, Faruq Shami avait diffusé sur Instagram un appel destiné à la communauté tchétchène en France, à ses « frères », qui se concluait par ses mots : « Tu as un délai d'un mois, si rien ne se passe avec eux, *Charlie Hebdo*, tu seras parmi les derniers des crétins. Rappelle-toi de ces paroles ! » Al Ansâr, *alias* Abdoullakh Anzorov, figurait parmi ses abonnés.

Ce 3 décembre, Virginie Le Roy aborde une autre thématique, celle de l'antisémitisme : « Pensez-vous que Samuel Paty était juif ? »

Sefrioui ne répond pas du tac au tac. Ce n'est pourtant pas dans ses habitudes. L'avocate précise : « Je vous pose la question au nom de mes clients, parce qu'elle les hante depuis quatre ans. – Non, répond-il. Comme je me suis présenté en tant qu'imam, j'ai dit que si j'avais été le représentant d'une autre confession, du Consistoire, par exemple, j'aurais été traité différemment, continue Sefrioui. – C'est marrant, monsieur, mais trois témoins n'ont entendu ni Consistoire, ni archevêché. Ils ont entendu juif, contre l'avocat général. Et trois témoins qui entendent le même mot, ça commence à faire beaucoup », ironise Virginie Le Roy.

« Alors, monsieur Sefrioui, pourquoi cette vidéo si virulente le 11 octobre ? Pourquoi cet acharnement ? » Là, il hésite davantage et finit par déclarer que le but était d'informer.

Sefrioui a terminé. À l'écouter, on se demande s'il n'est pas passé à côté de l'exercice en exhibant un profil caricatural, déconnecté de la réalité, tout en politisant son intervention à outrance.

Je suis étranger à ce crime.

Bien avant le procès, je savais ce qu'avait fait Sefrioui, dès ma première rencontre avec le procureur antiterroriste quelques jours après l'assassinat de mon frère. Je connaissais son passé militant, en grande proximité avec les milieux islamistes français et internationaux. Je découvre à l'audience un homme arrogant, autoritaire, sans aucune considération pour autrui. Contrairement à tous les autres accusés qui sont restés impassibles sur leurs bancs, à écouter les dépositions et les échanges des différents témoins, experts et accusés, lui a cherché de manière continue à imposer sa présence au sein même de la salle d'audience, par ses propos et par son attitude. Assise pendant sept semaines à moins de cinq mètres de lui, j'ai observé un homme qui n'a cessé d'appeler ses avocats pour s'entretenir avec eux en plein milieu des dépositions, griffonnant en permanence des papiers. Pire, avachi, la tête dans ses bras, il snobait les débats lorsqu'il estimait que ça ne le concernait pas.

Jamais un mot pour la famille de Samuel, jamais une parole qui pourrait indiquer un début d'empathie, toujours dans une position victimaire comme si c'était lui LA victime dans ce procès.

Il m'est apparu tout le long du procès comme un homme froid, sans émotions, pour qui la fin justifiera toujours les moyens. Pour lui, Samuel est certainement un « dégât collatéral » de son prétendu militantisme politique. Pour lui, Samuel n'était ni un homme, ni un père, ni un fils, ni un frère, seulement un outil opportun pour sa propagande islamiste. Ne plus voir l'humain derrière une personne, n'est-ce pas la définition du monstre ?

J'ai passé sept semaines près de lui à l'entendre, à le voir s'agiter et gesticuler avec ses avocats. Progressivement j'ai eu l'impression de rentrer dans sa tête, dans son système de pensée. Je me suis imprégnée jour après jour de sa noirceur. Ce fut une souffrance, atroce, tenace, presque indélébile. On ne sort pas indemne d'une rencontre avec Sefrioui. Beaucoup de personnes sont venues à la barre en témoigner, j'en ai fait à mon tour l'expérience intime…

10 décembre 2024

Extraits de l'interrogatoire d'Ismaël Gamaev

Placé sous contrôle judiciaire, il comparaît libre. Il a été détenu pendant trente et un mois.

Conseils : maîtres Michaël Bendavid, avocat au barreau de Paris, et Camilla Quendolo, avocate au barreau de Nanterre, tous deux commis d'office.

Chef d'accusation : poursuivi pour « association de malfaiteurs terroriste », il encourt trente ans de réclusion criminelle. Selon l'accusation, il a « participé activement » avec Abdoullakh Anzorov et Louqmane Ingar au groupe Snapchat aux contenus djihadistes « Étudiants en médecine ». Il aurait « conforté Abdoullakh Anzorov » sur les réseaux sociaux dans son projet d'assassinat et publié des smileys souriants sur le groupe après avoir reçu la photo de la tête décapitée de l'enseignant. Il reconnaît sa culpabilité.

C'est systématique. En début d'audience, le président demande à l'accusé s'il reconnaît les faits qui lui sont reprochés. Ce 10 décembre, la cour entend Ismaël Gamaev répondre : « Je reconnais ma culpabilité, c'est la pire chose que j'ai faite de ma vie, j'ai honte, honte, je regrette. » En sept semaines d'audience, c'est le seul « oui » en réponse à cette question récurrente qui résonnera dans la salle. Ismaël Gamaev est en larmes. Son interrogatoire va se révéler à l'image de ses premiers mots du 5 novembre lors de son audition initiale et réitérés ce jour : singulier.

Tout en parlant, cet étudiant en imperméable « mastic » de couleur claire trop grand pour lui ne cesse de tripoter ses doigts. Il propose de « raconter » comment il s'est « radicalisé » sans omettre en aucune façon son implication idéologique dans l'engrenage : « Il y a trois choses que je reconnais : d'abord le fait que j'étais vraiment radicalisé. Deuxièmement, le fait d'avoir échangé avec des personnes radicalisées notamment sur zone [irako-syrienne] et d'avoir pu conforter Anzorov. Enfin, le fait d'avoir envisagé de faire le djihad en Tchétchénie. »

Il est âgé d'un an lorsqu'il touche le sol français. Ismaël Gamaev grandit dans un univers violent et radical. « Il y avait un terrain fertile. Je ressentais une grosse pression liée à la religion. Adolescent, je commence à ressentir le besoin de construire mon identité, mais mes besoins étaient beaucoup trop déviants par rapport à ce que ma famille attendait. J'avais un mode de vie très différent de ce qu'on voulait m'imposer.

C'est la pire chose que j'ai faite de ma vie...
J'ai honte, honte, je regrette.

J'avais honte et surtout peur de mon père qui était violent. » Il voudrait être un adolescent comme ceux qu'il côtoie, s'occidentaliser en quelque sorte et prendre ses distances avec la communauté tchétchène.

C'est en quelques semaines qu'Ismaël Gamaev se radicalise. Comme pour beaucoup, le confinement est un déclencheur. Nous sommes en juin 2020. Il passe l'essentiel de son temps sur les réseaux sociaux. Il se décrit alors comme quelqu'un de « très fragile ». Sa mère lui « met la pression sur la religion ». Les émeutes de Dijon début juin 2020, déclenchées après l'attaque d'un jeune Tchétchène par des trafiquants de drogues d'origine nord-africaine, agissent comme une sorte de déclic. « Ça a été un basculement. C'est là que je me suis accroché à mon identité tchétchène. Je commence à délaisser mon identité occidentale. »

Il se met à « discuter avec des gens » sur les réseaux sociaux, à être intégré dans des groupes de discussion et à se « nourrir » de contenus émanant de la sphère djihadiste et salafiste. « C'est comme si le seul phare de ma vie, c'était la religion. Est-ce que ceci est autorisé, et cela ? On n'est plus maître de soi-même. Plus on se radicalise, plus la personne en nous disparaît, la flamme s'éteint. Il y a la religion, et aussi la politique. On parle de géopolitique, de djihad… On est constamment plongé dans cet état. Dans la communauté tchétchène, il y a beaucoup de gens radicalisés, c'est une porte vers le djihadisme. J'étais à la ramasse par rapport à la religion, je me suis dit qu'il fallait que je devienne un bon musulman, un bon Tchétchène. C'est là où je commence à aller plus loin que ce que mes parents me demandaient. Je tombe sur des contenus salafistes et je me dis qu'ils ont raison, ils apportent des preuves. Quand on est fragile, on adhère à ça. C'est en regardant des vidéos de bombardements que j'ai commencé à créer ce sentiment de victimisation. C'est le but des propagandistes, la victimisation, pour que vous ressentiez de la haine. »

Il s'abonne au compte Twitter d'Anzorov pendant l'été 2020 « [Il] disait qu'il voulait partir en Afghanistan, puis en Syrie. Il avait vraiment foi en ce qu'il disait. Je me disais que je pouvais apprendre de lui. »

Anzorov apparaît comme « un croyant à fond ». Lui, il était « plus sur le djihad physique ». Les deux hommes ne se rencontreront jamais. Leurs « discussions » resteront virtuelles.

Ismaël Gamaev répète qu'il a regardé la vidéo de Brahim Chnina, dans laquelle il dénonce le cours du professeur Samuel Paty. C'était « dans une story Snapchat d'une personne qu'il avait en ami. Je l'ai vue de mon côté, tout seul, avant les faits », déclare l'accusé tout en affirmant ne pas avoir visionné la vidéo d'Abdelhakim Sefrioui.

Le président de la cour continue de rappeler les faits. Il lit les échanges entre Louqmane Ingar, Ismaël Gamaev et Abdoullakh Anzorov sur leur groupe Snapchat le jour du crime. À 15 h 38, Anzorov demande sur le groupe « Les Étudiants en médecine » à Ismaël Gamaev et Louqmane Ingar de faire des « *douas* [invocations, *nda*] » pour lui, avant qu'il ne passe une « épreuve, pour [réussir] les frères, tout de suite, qu'Allah vous récompense ». Anzorov avait déjà évoqué Samuel Paty lors d'une discussion sur le groupe auparavant. Ses deux interlocuteurs n'avaient pas réagi.

Là, Gamaev répond par un émoji représentant un « doigt levé ». Face à la cour, il soutient qu'il pensait qu'Anzorov faisait allusion à une épreuve de conduite. Le président affiche son scepticisme en rappelant que, lorsque Anzorov avait raté son permis précédemment, il n'avait eu aucune demande préalable demandant de prier pour lui.

À 15 h 40, le terroriste écrit : « Faites des *douas* en demandant la chahada pour moi à Allah. Je vous aime. »

« "Je vous aime", c'est un message d'adieu qu'il vous fait ? demande Franck Zientara.

– Aujourd'hui, quand on lit ça, on se dit que c'est un adieu. Mais à l'époque, j'avais pas du tout vu ça », répond Ismaël Gamaev.

À 16 h 58, Abdoullakh Anzorov publie sur son compte Twitter un message de revendication accompagné d'une photo de la tête décapitée de Samuel Paty. Il en fait une capture d'écran qu'il poste sur le groupe Snapchat. « Je me suis dit : c'est un fake, un troll, une mauvaise blague. » À 17 h 07, Ismaël Gamaev pose trois questions sur leur liste de discussion : « Il se passe quoi ? » ; « C koi le truc sur la photo wsh ? »

accompagnée de trois émojis riants et « C'est une vraie tête ? ». Après un débat sur ces émojis entre les différentes parties, il explique les avoir postés afin d'exprimer son stress.

« Par rapport à l'attentat, je ne l'ai pas encouragé. À travers mes propos, j'ai pu le conforter, parce qu'on s'engrène, on parle de djihad. J'irai jamais dire que l'attentat était bien. Mais comme Anzorov est un Tchétchène, il y a un sentiment de frère.

Le président. – Mais en quelque sorte, vous félicitez Anzorov pour son action ? » Ismaël Gamaev répond par la négative.

« Quand avez-vous compris la réalité de ce qu'il s'est passé le 16 octobre ? » continue le président de la cour. À partir du 16 au soir lorsque Louqmane Ingar lui a expliqué qu'il fallait quitter le groupe Snapchat alors qu'il venait de prendre connaissance de l'attentat, répond-il. Gamaev prétend également qu'il n'avait aucune idée de ce qui était en train de se dérouler devant ses yeux même s'il savait qu'Anzorov « voulait mourir en martyr ». Il poursuit son récit : « Je trouve ça horrible d'avoir conforté Anzorov. Ce que j'ai fait, je ne peux pas le défaire. » En effet, Gamaev n'a pas immédiatement condamné Anzorov. Quelques jours après l'attentat, il réinitialise son téléphone portable. Les messages échangés avec ses contacts, notamment sur les réseaux sociaux, en particulier les vidéos et les vocaux postés avant le 20 octobre, sont désormais inaccessibles.

Pénalement, pointe le président, se pose aujourd'hui la question d'une éventuelle récidive : « Je sais ce que j'ai fait. Pour moi, c'est tellement loin, c'est tellement impossible. Ma déradicalisation, vous pensez qu'elle a été express mais ça a été un long cheminement. Je suis sorti de cette djihadosphère », répond Ismaël Gamaev qui évoque ce qu'il a réussi en détention, notamment l'obtention du bac, et ses projets. « Tout ce qui est lié à la religion, j'ai complètement abandonné. Aujourd'hui, je n'arrive plus à croire en Dieu. Je ne laisserai plus la religion ou mes parents guider ma vie. Je suis sûr à 100 %, j'ai pris énormément en maturité. Je suis même prêt à dire que je suis aujourd'hui meilleur qu'avant ma radicalisation. »

Car l'assassinat de Samuel Paty représente pour lui le début de sa déradicalisation ; un « travail long, individuel et collectif » qu'il fait pour lui-même. Mais ce n'est pas exclusivement lui qui relate cette phase. Il est accompagné par ses avocats maîtres Michaël Bendavid et Camilla Quendolo. La salle a été silencieuse pendant l'interrogatoire. Elle va le rester.

La première étape se concrétise avec son incarcération. Vient ensuite son questionnement : « Comment, pourquoi a-t-on sombré ? », suivi de sa déradicalisation. Il est conscient d'être « responsable de ses actes. Ismaël Gamaev a développé une immunité contre les atteintes à la République. Il sait que cette voie-là ne résout rien et comprend le caractère pathologique de son addiction aux réseaux sociaux. Tous les responsables ne méritent pas la même sanction », insiste un de ses avocats.

Dès mars 2021, un expert psychiatre expose à son sujet une « absence totale de dangerosité ». En octobre, un criminologue évoque « une sorte d'exemplarité ». Depuis sa libération, Gamaev respecte ses obligations judiciaires, poursuit maître Camilla Quendolo. Pour ses avocats, la sanction a déjà eu lieu. Un retour en prison serait contre-productif. La « question de la réincarcération, c'est la notion de dangerosité. S'il est expulsé, il sera dans l'obligation de se rendre en Russie ou en Tchétchénie où des risques de torture, d'emprisonnement l'attendent. Le régime de Kadyrov a glorifié l'attentat », sachant qu'Abdoulakh Anzorov a été enterré en Tchétchénie début décembre 2020. Gamaev prolonge en quelque sorte les propos de ses défenseurs : « Aujourd'hui, je me sens beaucoup plus français que tchétchène. Si je vais en Tchétchénie tout de suite, je sais que je n'ai rien à voir avec les gens. »

Michaël Bendavid intervient : « Vous avez tenu à expliquer les causes de votre radicalisation, vous avez dit que ce que vous aviez fait est extrêmement grave. Pourquoi ? Est-ce une façon de vous déresponsabiliser ?

Ismaël Gamaev. – Non, pas du tout. Mon but, c'est d'expliquer. Je veux que mon témoignage serve aux victimes, que mes réponses puissent leur servir. C'est tout ce que je peux faire aujourd'hui. C'est grave et c'est pas que grave, c'est même très dangereux. J'ai conforté des gens sur les réseaux sociaux et l'un d'eux est passé à l'acte. C'est extrêmement grave. Les discours de haine, les appels à la haine, ça peut se traduire en faits réels dans la vie. »

Des paroles qui sont aux antipodes des positions exprimées par Chnina et Sefrioui quelques jours plus tôt.

L'interrogatoire se termine. Désire-t-il ajouter quelque chose ? lui demande son avocat. Les paroles de Gamaev sont à peine audibles : « Je voudrais juste dire que je sais que mes excuses ne vont pas ramener M. Samuel Paty. Mais je suis venu là pour expliquer ma radicalisation, donner des réponses aux victimes. J'espère qu'elles me donneront leur pardon même si c'est pas obligatoire mais je comprends totalement. »

La défense de Sefrioui revient alors avec lui sur le sujet Faruq Shami. « Et si le commanditaire de l'assassinat de Samuel Paty était ce dernier ?

I. G. – Je ne saurais pas vous dire. »

En début d'interrogatoire, le président de la cour d'assises avait demandé à Ismaël Gamaev : « Vous dites qu'Abdoullakh Anzorov a évoqué HTS dans vos conversations. Que disait-il ?

I.G. – HTS ? Il disait que c'était un bon groupe qui allait aider. Il disait qu'en même temps, ils appliquaient la Charia et qu'ils se battaient contre Bachar ! »

Un peu plus tard, Gamaev rapporte qu'avant d'assassiner Samuel Paty, Anzorov lui avait dit « qu'il y avait un pseudo-journaliste sur place avec lequel il discutait », à savoir Faruq Shami.

Lors de l'interrogatoire des avocats de la partie civile, Virginie Le Roy lui adresse cette remarque : « Quand vous avez reconnu les faits, Gaëlle Paty a essuyé une larme. Est-ce que vous mesurez l'importance pour les victimes que les responsabilités soient assumées ? » Pas de réponse.

Après une sorte de temps suspendu, entrecoupé par les larmes d'Ismaël Gamaev, Franck Zientara lui demande à voix basse : « Monsieur ? » Les mots de l'accusé parviennent à sortir avec difficulté : « Je ressens beaucoup de culpabilité. »

Au premier jour du procès, dans cette salle immense, un seul des accusés a eu le courage et la dignité de reconnaître, sincèrement je crois, ses actes et sa responsabilité face à nous, face à moi. Ismaël Gamaev, tout en contrition, a exprimé des regrets profonds et le poids d'une responsabilité trop lourde pour ses jeunes épaules. Une larme a discrètement coulé sur ma joue, comme si j'avais raison de continuer à croire que l'humain peut changer et tenter de se racheter. Pendant son interrogatoire, il a essayé d'expliquer, souvent avec la naïveté de sa jeunesse, comment il a pu en arriver là. Le poids de la communauté tchétchène, les violences d'un père, le confinement et l'addiction aux réseaux sociaux, la perte de repères identitaires d'un adolescent fragile, tout ceci a contribué à sa radicalisation. Il nous raconte pendant de longues heures comment il a réussi à déconstruire sa vision radicale du monde pour devenir un étudiant « normal ». Je le crois, j'ai besoin de le croire pour poursuivre ma propre vie : tout ne peut pas être noir et Gamaev m'a apporté cette lumière qui me permet de continuer à avancer. Reconnaître sa culpabilité est la seule chose qu'il peut m'offrir. Je l'en ai remercié à l'issue du procès, l'exhortant à ne jamais oublier ses actes, ses erreurs, ce qu'il a fait, au nom de la mémoire de Samuel. Trop ému, il n'a pas pu me répondre et a esquissé un sourire, la première fois depuis longtemps je pense.

11 décembre 2024

Extraits de l'interrogatoire d'Ingar Louqmane

Louqmane Ingar comparaît libre après avoir effectué un peu plus d'un an de détention provisoire. Il est placé sous contrôle judiciaire.

Conseils : maîtres Luc Brossollet, avocat au barreau de Paris, Margot Bailly, avocate au barreau de Paris et Murielle Baumet, avocate au barreau de Paris, tous trois commis d'office.

Chef d'accusation : poursuivi pour « association de malfaiteurs terroriste », il encourt trente ans de réclusion criminelle. Selon l'accusation, il a « participé activement » avec Abdoullakh Anzorov et Ismaël Gamaev au groupe Snapchat aux contenus djihadistes « Étudiants en médecine ». Il aurait « conforté Abdoullakh Anzorov » sur les réseaux sociaux dans son projet d'assassinat. Il conteste sa culpabilité.

C'est une des phrases qu'il n'a cessé de répéter au cours de l'interrogatoire et des questions des avocats : « Au moment où je fais ça, je ne me rendais pas compte. » Avant octobre 2020, on pouvait le qualifier de jeune homme sans histoire, à l'avenir professionnel prometteur, proche de sa famille. C'est parce qu'il était « à la recherche de ce qu'était [s]on identité musulmane » qu'il se serait mis à échanger sur les réseaux sociaux. Il se dit non radicalisé. Son enquête de personnalité s'est révélée plutôt favorable, tout comme les témoignages des membres de sa famille venus s'exprimer devant la cour le 5 décembre.

Administrateur du groupe Snapchat « Les Étudiants en médecine » qu'il crée en août 2020, il dit ne pas y avoir vu les photos et vidéos, ni pris le temps de lire les messages postés ; ce qui expliquerait qu'il n'aurait pas compris la radicalité de ses « amis » virtuels. Louqmane Ingar poursuit en affirmant devant la barre « avoir toujours condamné Daech et al-Qaida ». À une question du président sur la radicalité d'Anzorov, Ingar répond qu'il avait simplement constaté qu'il était « rigoriste. Face au terrorisme, je n'ai jamais eu d'ambiguïté, de complaisance. Rien ne se résout par la violence ».

Sur les ultimes messages d'Anzorov, il déroule un récit sur certains points similaires à celui de Gamaev. Lorsque Louqmane Ingar lui a souhaité de « réussir », c'était pour son permis de conduire. Au sujet de la photo de l'enseignant, l'accusé réunionnais envoie au groupe trois messages : « Wsggg », « supprime frr », « Jamais je n'aurais pu imaginer ». Après le 20 octobre, lui aussi a effacé les messages de son téléphone. Il avait prévu de se rendre en Afghanistan « dans les rangs d'une organisation terroriste », selon le PNAT.

« Aujourd'hui, je suis contre l'instrumentalisation de la religion dans la vie sociale. Je n'ai pas conspiré à quoi que ce soit. J'aurais jamais dû aller sur les réseaux sociaux pour chercher des réponses. C'était irresponsable de ma part. » Son avocat, Luc Brossollet, est catégorique : « Il n'y a eu aucune entente » entre son client et Abdoullakh Anzorov. Les parties civiles mettent en avant leur étonnement sur la radicalité et la violence des messages et vidéos qui circulent sur le groupe : « C'était pour rire », répond Louqmane Ingar. « Parce que vous trouvez ça marrant ? » interroge un des avocats de la partie civile. « Si vous ne percevez pas ce qu'il y a de problématique dans ces groupes, c'est peut-être qu'il y a une certaine complaisance de votre part ? » poursuit un des avocats généraux. Leur lecture de ces quelques jours d'octobre est en contradiction avec les faits relatés par Louqmane Ingar. L'accusé reste celui qu'il a été pendant son interrogatoire et ses réponses aux avocats : imperturbable et sans aucune empathie pour la famille Paty. Louqmane Ingar développe un déroulé mettant en avant une personnalité en inadéquation avec les actions dont il semble l'auteur. Entre ce qu'il affirme devant la cour et certains éléments relevant de son idéologie, une frontière étanche s'interpose. Ingar serait-il en train de dissimuler ? Comment expliquer qu'il n'ait pas lu les messages ultraradicalisés et violents du groupe Snapchat ? Outre ses conversations avec Anzorov sur les réseaux sociaux, des milliers de photos liées à son univers radicalisé ont été retrouvées après l'attentat sur son disque dur, confirmant notamment sa volonté d'effectuer un djihad « humanitaire » en Syrie. Par exemple, des fichiers qui confortent la foi musulmane en langue arabe avec ce commentaire d'Ingar : « Il n'y a aucune divinité à part Allah, et Mohammed [Mahomet, *nda*] est son messager. » Quelques mots qui reprennent la profession de foi, la chahada, un des cinq piliers de l'islam et les paroles à prononcer lors de la conversion. D'autres fichiers représentent des scènes de guerre, d'exécutions, de décapitations ou supportent des discours dont l'idéologie pro-djihad ou radicale est incontestable. L'interrogatoire du PNAT a corroboré la similitude entre les propos d'Ingar et ceux des djihadistes qu'il a eu l'occasion d'interroger.

Je n'aurais jamais dû aller sur les réseaux sociaux pour chercher des réponses à mes questions sur l'islam.
C'était irresponsable de ma part.

Louqmane Ingar est, lui aussi, un étudiant qui a collaboré activement avec Anzorov et Gamaev sur les réseaux sociaux. Contrairement à Gamaev, il ne reconnaît rien ! Ni sa radicalisation ni sa propagande islamiste, et encore moins une quelconque responsabilité dans le passage à l'acte d'Anzorov. Retranché dans un rôle de gentil garçon n'ayant rien à faire dans ce procès, il s'obstine à nous expliquer que tout ce qu'il a fait c'était pour « rigoler ». Cette indécence, cette absence totale d'empathie lorsqu'il est à la barre, son attitude hautaine malgré son jeune âge et sa situation d'accusé dans un procès terroriste font froid dans le dos. Il me donne l'impression de ne pas avoir pris conscience de la gravité de ses actes, comme si ce qui s'était passé sur les réseaux sociaux ne faisait pas partie de la « vraie » vie. C'est même ce qu'ont dit de lui les experts : son incapacité à réaliser que la vie numérique est indissociable de la réalité.

Mon frère est mort à cause de cette illusion, partagée par Ingar et beaucoup d'autres, que dans la réalité parallèle des réseaux sociaux, on peut dire ce que l'on veut en toute impunité. Il est grand temps que la société prenne à bras-le-corps ce danger pour que les jeunes et les moins jeunes prennent conscience que, même dans le monde « virtuel », tout est réel et tout peut avoir des conséquences dramatiques.

11 décembre 2024

Extraits de l'interrogatoire de Priscilla Mangel

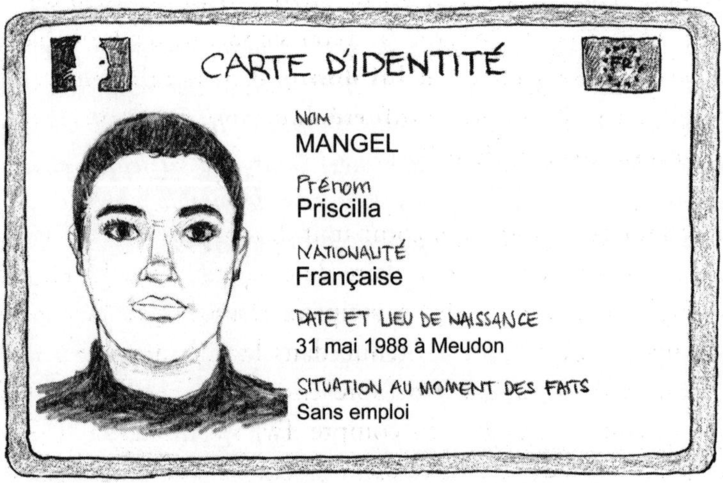

Placée sous contrôle judiciaire, elle comparaît libre.

Conseils : maîtres Margot Pugliese, avocate au barreau de Paris, et Romane Metzger, avocate au barreau de Paris, toutes deux commises d'office.

Chef d'accusation : poursuivie pour « association de malfaiteurs terroriste », elle encourt trente ans de réclusion criminelle. Il lui est reproché d'avoir retweeté, le 1er septembre 2020, « une information sur la volonté de *Charlie Hebdo* de publier à nouveau les caricatures du prophète Mohamed » ; d'avoir « échangé de manière discrète » avec Abdoullakh Anzorov « dont l'idéologie n'était pas dissimulée » ; de lui avoir présenté le cours de Samuel Paty « comme l'illustration de la guerre menée par les institutions républicaines contre les musulmans depuis des années et comme étant en outre appelée à se reproduire, le confortant dans son projet » et d'avoir, par des échanges sur Twitter après la diffusion de la vidéo de Brahim Chnina, « renforcé la détermination d'Abdoullakh Anzorov à passer à l'acte en lui donnant des arguments idéologiques et de l'avoir conforté dans son projet ».
Elle conteste toute culpabilité.

C'est l'unique femme qui comparaît devant cette cour d'assises. Au moment des faits, elle était titulaire de cinq numéros de téléphone et de multiples comptes sur les principaux réseaux sociaux par lesquels elle déployait une activité soutenue dans la djihadosphère. L'examen des échanges du vendredi 9 octobre entre Chnina et Anzorov la fait apparaître comme titulaire du compte Twitter « Cicat's ». L'un de ses autres pseudonymes est « Cicatrice sucrée ». Priscilla Mangel reste en contact virtuel plusieurs jours et a de nombreux échanges sur les réseaux avec le terroriste à propos du collège du Bois-d'Aulne. Une fois de plus, les réseaux sociaux sont mis en avant dans l'engrenage qui a conduit à l'assassinat de l'enseignant.

Convertie à l'islam lors de son adolescence, elle porte le voile dès ses 16 ans. Priscilla Mangel est connue pour ses liens avec la mouvance de l'islam radical, illustrés notamment par son second mariage avec Sami Gharouz, arrêté pour association de malfaiteurs en relation avec une entreprise terroriste en février 2017 et condamné en 2020 à quatorze ans de réclusion criminelle pour association de malfaiteurs terroriste.

À la barre, cette mère de deux enfants, nés d'une première union avec un homme issu de la mouvance islamiste radicale, nie calmement toute « radicalisation » lorsque le président tente de mettre en avant sa pratique, sa croyance « rigoriste » de l'islam et ses liens avec plusieurs personnes issues de la mouvance radicale. Elle évoque une « pratique modérée de l'islam ». Elle se prononce également pour l'interdiction du blasphème. En ce qui concerne son commentaire suite à la republication des caricatures de Mahomet par *Charlie Hebdo* – « Apparemment, *Charlie Hebdo* en redemande ! Gourmandise addict au nom de la liberté d'expression synonyme de la déchéance intellectuelle en arriver aussi bas je n'appelle pas ça être debout mais couché au ras du sol se desséchant comme des coprolithes mais chacun a sa vision des choses » –, elle explique : « J'étais toujours dans cette optique de provoquer, d'être dans l'émotion dès que quelque chose m'offense. J'ai toujours eu ce mécanisme sur les réseaux. C'est une parole que je regrette, que je regrette vraiment chaque jour. Je ne mesurais pas la portée des mots. J'ai décidé d'utiliser les mots pour provoquer à mon tour, pensant que mes mots avaient la même liberté que *Charlie* avec ses dessins. »

Au sujet du cours sur la liberté de la presse de Samuel Paty, ce ne seraient pas les caricatures du Prophète présentées mais la « discrimination » vécue par Z. qui expliquerait qu'elle a relayé et commenté le 9 octobre la vidéo de Chnina. « Je vois dans ce type de discrimination une volonté de rabaisser la personne pour son appartenance religieuse. » Le 9, Anzorov a aussi envoyé ce message sur son groupe Snapchat : « Un professeur a montré le Messager d'Allah nu dans une classe à ses élèves de quatrième. » Il va contacter Priscilla Mangel peu après avoir découvert un de ses Tweet donnant des informations sur Samuel Paty. Il se renseigne sur l'identité et l'adresse où enseigne sa future victime et effectue des recherches sur d'autres situations qui pourraient lui paraître similaires à celle évoquée par Mangel. Il parvient à joindre Brahim Chnina le soir même. Un peu plus tard, il écrit à Priscilla Mangel pour la remercier : « Et d'ailleurs je l'ai appelé, son père, c'est bon. »

Entre le 9 et le 13 octobre 2020, quarante-six messages ont été échangés entre « Cicat's » et « al Ansâr @tchetchene 270 », le compte d'Anzorov. Le 13, elle lui fait part qu'« aucune sanction n'a été prise » contre l'enseignant. Elle commente : « Il faut vite inculquer aux enfants que le blasphème est normal. Maintenant les choses sont très claires, plus de prétexte ou d'excuse, ils veulent vraiment éradiquer la foi des cœurs des gens » et conclut : « Comme j'aime à le dire, des guerres menées pendant des centaines d'années n'ont pas réussi à éteindre une foi, pas plus que l'oppression ou la colonisation, alors oui, c'est peine perdue, un groupe de gens seront toujours sur la croyance authentique et c'est bien pour ça qu'ils ragent et œuvrent sans relâche car ils le savent très bien au fond d'eux. » Un autre message : « Eh oui, l'acquiescement par une société complètement immoral [sic] n'est pas signe de bonne foi ni de bonne santé lol. » Des échanges teintés de complotisme mais qui, selon elle, se résument à « une discussion limite banale, anodine avec un inconnu ». En parallèle, elle « discute » avec Chnina.

Le 16 octobre 2020, elle découvre le post d'Anzorov sur les réseaux sociaux. « J'ai été horrifiée de ce que j'ai vu, j'ai pris peur, j'étais en panique. J'ai pas lu le texte de revendication, j'ai été tellement horrifiée par la photo. J'étais comme paralysée sur mon téléphone », déclare-t-elle au président. Elle se désabonne du compte du terroriste et supprime son propre compte.

« Reconnaissez-vous avoir participé à un groupement formé ou à une entente établie en vue de la préparation d'actes de terrorisme [et] vous sentez-vous responsable d'avoir conforté Anzorov dans son passage à l'acte ? » questionne le président. Elle rétorque : « J'ignorais qu'Anzorov avait cette intention de passage à l'acte. La seule responsabilité que j'aie, c'est d'avoir participé à la polémique. J'aurais dû attendre que l'information soit vérifiée et je n'aurais pas dû me précipiter comme j'avais l'habitude de le faire sur les réseaux sociaux. Je n'ai pas conforté Abdoullakh Anzorov, je ne pouvais pas savoir. – Dans le contexte des attentats à propos des caricatures, vous ne vous êtes pas imaginée que ça pouvait l'encourager à passer à l'acte ? poursuit le président. – On ne peut pas imaginer une telle chose », conclut-elle.

Parmi les avocats qui interviennent, Francis Szpiner souligne : « "*Charlie Hebdo* en redemande", vous comprenez que quelqu'un puisse prendre ça au premier degré ?

Priscilla Mangel. – Oui, aujourd'hui, je le comprends. J'ai pris conscience qu'utiliser ces mots et les exposer aux yeux de tous peut en pousser certains à la violence.

F.S. – Pourtant, vous plaidez non coupable.

P.M. – Je continue de plaider non coupable car, au moment des faits, je n'avais pas conscience de la portée et de la violence de mes mots.

F.S. – Admettons que vous n'en ayez pas eu conscience. Si quelqu'un le prend au premier degré, vous êtes responsable de la conséquence. Vous savez que des gens sont morts pour ça ?

P.M. – Oui, j'ai réalisé que ce message pouvait motiver quelqu'un qui a une idéologie mortifère. Et pendant un certain temps, ça m'a bouleversée. J'étais dans un combat d'idées, on utilise un dessin et j'utilise des mots. Mais je prends conscience que des mots peuvent avoir une portée énorme. »

La DGSI avait repéré l'activité du compte « Cicatrice sucrée » dans le cadre de sa veille sur les réseaux sociaux. Elle ne s'est pas aperçue de la création de « Cicat's » et de ses discussions privées avec Anzorov.

Je n'avais pas conscience de la portée et de la violence de mes mots...

Priscilla Mangel est restée une énigme pour moi pendant toute la durée du procès : impassible sur son banc, jamais aucune émotion ne traverse son visage, ni pendant la déposition de ses parents, ni pendant la projection des images de l'attentat ou du schéma du corps de mon frère criblé de dix-sept coups de couteau, ni bien sûr lors de son interrogatoire. Et pourtant la violence de ses mots semble sans limites dans ses publications sur les réseaux sociaux, parfois insoutenable. Les experts psychiatre et psychologue font ressortir une personnalité marquée par une forme de marginalité et d'inadaptation sociale, une absence totale de réflexion propre, de capacité d'introspection et une adhésion à des pseudo-théories qui lui permettent d'éviter de penser. Et selon ces mêmes experts, aucune évolution positive n'est apparue jusqu'à aujourd'hui. Elle vit toujours retranchée chez elle, derrière des écrans qui lui permettent d'exister sous couvert d'un personnage de pseudo-égérie martyre de la cause islamique, sans risquer d'être inquiétée, loin de toute réalité sociale ou professionnelle. Ses seules relations « vraies » sont avec son compagnon condamné pour des faits de terrorisme et les familles d'autres condamnés pour djihadisme ou terrorisme. Comment espérer qu'elle ne recommence pas à utiliser les réseaux sociaux pour inciter à la haine et à l'action contre ceux qu'elle estime être des ennemis de l'islam ? Comment les services de l'État pourront-ils réellement contrôler sa dangerosité dans le futur ?

12 décembre 2024

Extraits de l'interrogatoire de Yusuf Cinar

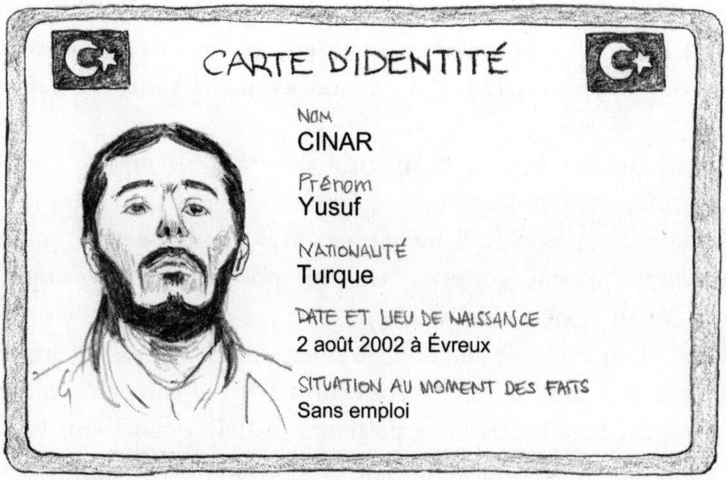

Yusuf Cinar est en détention provisoire depuis quatre ans. Au moment du procès, il était au centre pénitentiaire de Fleury-Mérogis.

Conseil : maître Lucile Collot, avocate au barreau de Paris, commise d'office.

Chef d'accusation : poursuivi pour « participation à une association de malfaiteurs en vue de la préparation d'un crime d'atteinte aux personnes », il encourt trente ans de réclusion criminelle. Il a été placé à l'isolement, suite à plusieurs incidents dont une tentative de suicide en novembre 2020. Il est l'unique accusé de la djihadosphère à comparaître détenu, le seul aussi à avoir connu physiquement Anzorov avec qui il entretenait notamment des discussions sur le groupe Snapchat « Zbrrr », nourri par la propagande djihadiste. Yusuf Cinar est aussi le dernier à être interrogé par la cour qui, par son acte de renvoi, considère qu'il a « conforté » le terroriste « dans son projet » avant et publié après l'attentat le message de revendication d'Anzorov et des photographies du corps de Samuel Paty. Ensuite, certaines vidéos qui rendaient hommage à Anzorov y sont apparues. Y. Cinar conteste toute culpabilité.

Il était un des voisins d'Anzorov à Évreux. Il précise : « On n'a jamais traîné ensemble, mangé ensemble », alors que l'enquêteur de personnalité, entendu le 5 novembre, avait souligné qu'il considérait Abdoullakh Anzorov comme « un ami proche », voire « comme un frère ». Yusuf Cinar évoque son père « radical salafiste » violent. À 14 ans, il est exclu de son collège suite à des intrusions d'armes dans l'établissement, à savoir deux couteaux et un airsoft. Sa scolarisation est terminée. Son adolescence préfigure sa délinquance qui va perdurer : trafic de stupéfiants (guetteur puis vendeur de drogue), *hacking*, à savoir récupération des données de comptes privés pour les revendre, et addictions de plusieurs types, notamment à l'alcool et au cannabis.

Il prétend qu'il imaginait que les *douas*, demandées par Anzorov à ses amis avant de passer à l'acte, « c'était pour des épreuves scolaires ». « Zbrrr » a publié le message de revendication d'Anzorov avec la photo de la décapitation sur laquelle Cinar a apposé un émoji « cœur brisé ». « J'ai mis longtemps à comprendre de quoi il s'agissait. J'ai cru qu'il avait téléchargé des images sur Google. Pour moi, il était impossible qu'Anzorov ait fait un truc comme ça. J'arrivais pas à y croire.

Comment je pouvais savoir qu'il allait faire un truc comme ça ? Il avait toujours le sourire. Quelqu'un qui tue, il ne prend pas de photo. Là, il a pris une photo comme si c'était normal. Je n'étais au courant de rien. Je n'étais pas au courant du projet. Si je l'avais été, je l'aurais avoué. Je suis de tout cœur avec la famille Paty, je le serai jusqu'à mon dernier souffle. »

Une lettre adressée par son client à son juge d'instruction en février 2023 est alors lue par son avocate, maître Lucile Collot, dont voici un extrait : « Je suis innocent. C'est ça la Justice ? C'est ça la réinsertion ? Vous savez c'est quoi l'isolement ? Vous pourriez même pas tenir quarante-huit heures. Je sors jamais en promenade, tous les deux mois, on me change de cellule. Ça me détruit le cerveau. Je suis enfermé avec des violeurs, des pédophiles, des tueurs, des terroristes… Comment voulez-vous que je m'en sorte ? Abdoullakh Anzorov a détruit ma vie et vous avez détruit ma vie une deuxième fois. Je vous le dis et redis : "Je suis innocent." »

Je n'étais au courant de rien.

Je n'étais pas au courant du projet. Si je l'avais été, je l'aurais avoué.

À l'examen de son CV, j'ai tout de suite eu cette désagréable impression que passer quatre années en prison, comme il venait de le faire, était ce qui lui était arrivé de mieux dans sa vie : entre un père radicalisé et autoritaire, une langue française qu'on ne lui a pas permis d'apprendre, un parcours scolaire très vite arrêté… la drogue, l'alcool et les armes dès l'adolescence… Comment la République française n'a pas pu, n'a pas su, ne s'est pas donné les moyens de tenter de sauver cet enfant du désastre annoncé ?

Puis viennent les images trouvées sur son ordinateur, des images atroces, projetées crûment sur le grand écran de la salle d'audience, insoutenables pour le commun des mortels, des vidéos de torture et de décapitation, qu'il visionnait pour s'endormir… Je ne peux pas, je ne veux pas les regarder et je détourne le regard, sentant le poids terrible du silence dans la salle. J'oscille entre horreur et désarroi face à ce jeune homme. Est-il monstrueux ou complètement perdu ? Que ressentir à la fin à part de la pitié et beaucoup de colère contre un système qui laisse des enfants devenir des adultes si peu construits, si peu humains…

M. Breuil, enseignant de Yusuf pendant de longues années à Évreux, vous avez témoigné au cours du procès. Vous avez fait ce que vous pouviez à votre petite échelle, et vous reconnaissez avec moi que nous avons collectivement failli à donner à tous les enfants de la République française, comme à Yusuf Cinar, les ressources intellectuelles et psychologiques pour combattre l'extrémisme et la violence.

PARTIE 3

Réquisitoire, plaidoiries et verdict

Derniers jours du procès de Samuel Paty.
C'est au tour de la partie civile de plaider. Ensuite, les représentants du ministère public, les avocats généraux, sollicitent une peine qu'ils considèrent adaptée aux faits établis pour chaque accusé.
Les plaidoiries des avocats de la défense succèdent à cette étape, prolongée par les « paroles en dernier », à savoir les ultimes mots des accusés adressés à la cour avant qu'elle ne se retire.
Le 20 décembre 2024, après plusieurs dizaines d'heures de délibération, la cour d'assises spéciale de Paris rend son verdict.

13 décembre 2024

Extraits de la plaidoirie de Virginie Le Roy, avocate des parents de Samuel Paty, de Gaëlle Paty et de sa famille

« "Ce serait reculer que de rentrer chez moi." C'est ce que Samuel Paty a répondu à la principale lorsqu'elle lui a proposé de s'éloigner du collège, de se mettre en retrait. Alors Samuel Paty n'est pas rentré chez lui.

Nous sommes ici parce que Samuel Paty a refusé d'éteindre la lumière de sa classe, alors que d'autres voulaient la tuer. Tuer la lumière au nom du Prophète. L'éteindre au nom de la religion. L'éteindre à coups de mensonges, d'insultes, de haine. L'éteindre à coups de couteau. Ils voulaient la tuer, alors ils ont fait entrer leur discours haineux au collège. Ils ont fait entrer le terrorisme dans l'école. Ils ont tué un professeur. Il n'y a pas de hasard dans cet assassinat parce que tout a été fait pour qu'il arrive, tout a été organisé, et chacun a parfaitement rempli son rôle. Samuel Paty n'a pas reculé, et ils l'ont tué.

Ce procès est celui de l'ignorance, de l'arbitraire et de la haine,

Ce procès est celui du rejet de notre histoire, de notre culture et de nos institutions,

Ce procès est celui d'une époque, de la société virtuelle et de son impunité,

Ce procès est celui d'une fatwa numérique,

Ce procès est celui du terrorisme,

Ce procès est celui du mensonge, d'un mensonge manipulé à l'extrême et jusqu'au bout, un mensonge transformé en piège, un mensonge qui s'est poursuivi jusqu'à l'assassinat du professeur, et qui a encore résonné dans cette salle d'audience. Comment faire du mensonge d'une adolescente une arme de guerre contre la lumière. Comment en faire un outil de contrainte et de mort ?

C'est le sujet de ce procès, c'est ce qu'il vous appartient de juger aujourd'hui.

Cette audience était évidemment très attendue par la famille de Samuel. Mais à part des postures artificielles et fragiles, complètement déconnectées des faits, de la réalité du dossier, nous n'avons pas eu grand-chose. Tout y est passé, mensonge après mensonge. S'il y a une chose qui les réunit tous finalement, c'est bien la lâcheté et le mensonge. L'attentat nous a meurtris. Nous sommes à terre ; mais nous ne sommes pas naïfs. Cette audience a renforcé notre conviction profonde que chacun d'entre eux est responsable.

Cet assassinat est le résultat attendu d'une mécanique infernale, d'un engrenage méticuleusement préparé où chacun a pris soin de bien remplir son rôle. Cet assassinat n'est pas un hasard : il est le résultat de choix, faits en connaissance de cause, parce qu'il leur est, à tous dans le box, insupportable qu'on insulte le Prophète, parce qu'ils sont réunis autour d'une idéologie mortifère qui ne supporte pas la lumière. Ils ont tous fait le choix de cette idéologie radicale et violente. Ils sont tous responsables de cet assassinat terroriste, de cette exécution.

Dix-sept plaies par coups de couteau, une survie de quelques minutes à quelques dizaines de minutes : une attaque d'une rare violence, et une humiliation dont on sait qu'elle est chère à la symbolique islamiste : la décapitation.

C'est en effet bien leurs écrits, leurs pensées, leur idéologie qui ont été rappelés à l'audience. Quoi qu'ils en disent aujourd'hui, ce sont ces mécanismes qui endoctrinent, ce sont ces mécanismes qui mènent aux attentats, ce sont ces mécanismes qui alimentent la propagande et nourrissent les organisations terroristes.

L'association de malfaiteurs terroriste est incontestablement constituée à leur encontre, on dépasse largement la simple apologie ou provocation. La seule question qui se pose les concernant, c'est : ont-ils changé ? Pouvons-nous leur faire confiance ? Accepterions-nous de leur confier nos enfants le temps d'une discussion ? J'en doute. Pour ma part, je ne crois pas aux déradicalisations express et miracles, et ils ne m'ont pas convaincue. Ils ne m'ont pas non plus convaincue sur le chemin parcouru depuis les faits, sur leurs regrets.

Votre verdict est attendu. L'attentat contre Samuel Paty n'est pas qu'un assassinat, c'est un cataclysme social, politique, humain, institutionnel. C'est une fracture. Je pense beaucoup à eux en cet instant. Votre décision sera également capitale pour l'école. Vous devez, par votre verdict, sauver l'école, sortir les professeurs de leur état de sidération, les sortir de la peur qui entoure désormais les enseignements, vous devez les sortir de ce deuil qui ne passe pas. Il faut, coûte que coûte, faire que l'école ne soit plus celle des minutes de silence et des attentats. Votre verdict est attendu par tous, parce que sa signification sera essentielle pour l'avenir.

C'est reconnaître d'abord ce que nous avons constaté depuis six semaines : la culpabilité de chacun des accusés. C'est reconnaître ensuite que dans notre pays, on ne peut pas décapiter un professeur dans la rue en toute impunité, que chacune des responsabilités y ayant mené doit être sévèrement punie, avec une exemplarité sans faille. C'est réaffirmer haut et fort les valeurs de la République, au titre desquelles Samuel a été condamné à mort.

C'est réaffirmer ce qui fonde nos institutions et notre vivre ensemble : "La France est une République indivisible, laïque, démocratique et sociale." Ne pas reculer, ne pas renoncer.

Ne pas éteindre la lumière de la classe. Lors des procès *Charlie*, on a souvent entendu ce refrain insupportable, que ça ne valait plus le coup, qu'il y avait trop de morts, qu'il fallait arrêter de publier les caricatures, qu'il fallait contenir notre liberté d'expression. Qu'allons-nous faire maintenant ? Contraindre la liberté d'expression, encore, contraindre l'enseignement ? Arrêter l'école ? Et ensuite, on abandonnera quoi ?

Quel que soient nos renoncements, ils continueront à tuer. Quel que soit le prétexte, le Prophète, les caricatures, le voile, la discrimination, Macron, le discours des Mureaux… et combien d'autres prétextes encore, ils continueront à tuer. C'est ça, le terrorisme : contraindre par la terreur et l'intimidation. Samuel Paty l'avait bien compris, aucun renoncement n'est acceptable et chaque petit renoncement est un cataclysme : "Ce serait reculer que de rentrer chez moi." C'est à notre tour, dans cette salle d'audience, d'affirmer haut et fort que "nous ne nous coucherons jamais. Nous ne renoncerons jamais". »

Cet assassinat n'est pas un hasard.

En relisant la plaidoirie de Virginie pour écrire ce texte, je me rends compte que je ne l'avais pas vraiment écoutée ce vendredi 13 décembre, certainement dans un état de conscience altérée, prise dans le tourbillon émotionnel de cette fin de procès qui s'annonçait. Qu'elle est puissante cette plaidoirie ! À la hauteur du crime commis et de l'insupportable posture des accusés pendant l'audience, oscillant en permanence entre lâcheté et mensonges. Elle dit haut et fort ce que j'ai eu envie de crier tellement de fois pendant ces six semaines d'audience : « Nous, famille de Samuel Paty, nous ne vous croyons pas. »

Virginie est mon avocate, ainsi que celle de mes parents, depuis le départ. Et c'est vrai, je l'appelle par son prénom, on se tutoie et il m'est arrivé à plusieurs reprises de dîner chez elle. Elle fait un peu partie de la famille à présent. Virginie n'est clairement pas une avocate comme les autres : elle a besoin de s'impliquer à fond dans un dossier, avec son expertise mais également avec ses tripes. Elle a porté ce dossier comme si Samuel était un peu de sa famille aussi, avec beaucoup d'humanité et d'exigence. Elle a été à la hauteur de ma souffrance et de mes attentes de vérité, elle a été à la hauteur du crime abject dont a été victime mon frère. Merci, Virginie, d'avoir été à mes côtés et aux côtés de mes parents, pour traverser cette épreuve, avec humour et bienveillance, pour que justice soit rendue à Samuel.

Extraits de la plaidoirie de maître Antoine Casubolo Ferro, représentant seize collègues de Samuel Paty, professeurs, la principale adjointe, la conseillère principale d'éducation (CPE), l'agent d'accueil (avec maître Isabelle Teste) du collège du Bois-d'Aulne et l'Association française des victimes du terrorisme (avec maître Pascale Edwige)

« S'ils ont tenu à se constituer partie civile à l'ouverture de ce procès, comme ils l'ont déjà fait devant le tribunal pour enfants l'an dernier, ce n'est pas pour venir chercher un quelconque "diplôme de victime" comme nous avons pu le lire. Ils n'en ont pas besoin. S'ils sont là, c'est d'abord pour la famille de Samuel Paty. Pour se tenir, assis, discrets, mais à leurs côtés, au plus près d'eux, au plus chaud j'ai envie de dire. Pour honorer la mémoire du fils, du frère, de l'oncle, du père. À leurs côtés, sur le banc des parties civiles. Ils sont là parce qu'il fallait qu'ils leur disent, par leur présence, qu'ils n'oublieront jamais Samuel. S'ils sont là aussi, c'est pour honorer la mémoire de Samuel Paty. Qui peut imaginer que ces profs auraient pu faire cours, "normalement", comme s'y rien n'était arrivé, comme si l'horreur n'avait pas été perpétrée contre leur collègue, pendant qu'ici se tiendrait le procès de ces hommes, de cette femme ?

Pendant que seraient décortiqués les faits, les actes, les mots, oui, "la force des mots" des uns et des autres, que seraient démontées les roues dentées de l'engrenage qui a broyé leur collègue ? Samuel était un des leurs. De leur équipe pédagogique. Tout simplement. Un prof d'histoire, sans histoire, anonyme comme eux, comme des milliers d'autres en France, qui se croisent à l'entrée du collège, le matin, au détour d'un couloir ou dans la salle des profs, avec lequel on discute de choses et d'autres.

Non monsieur Paty, vos collègues ne vous ont pas lâchement abandonné, ils ont fait ce qu'ils ont pu pour vous protéger, pour vous aider. En surveillant les entrées et les sorties du collège, sur les écrans de

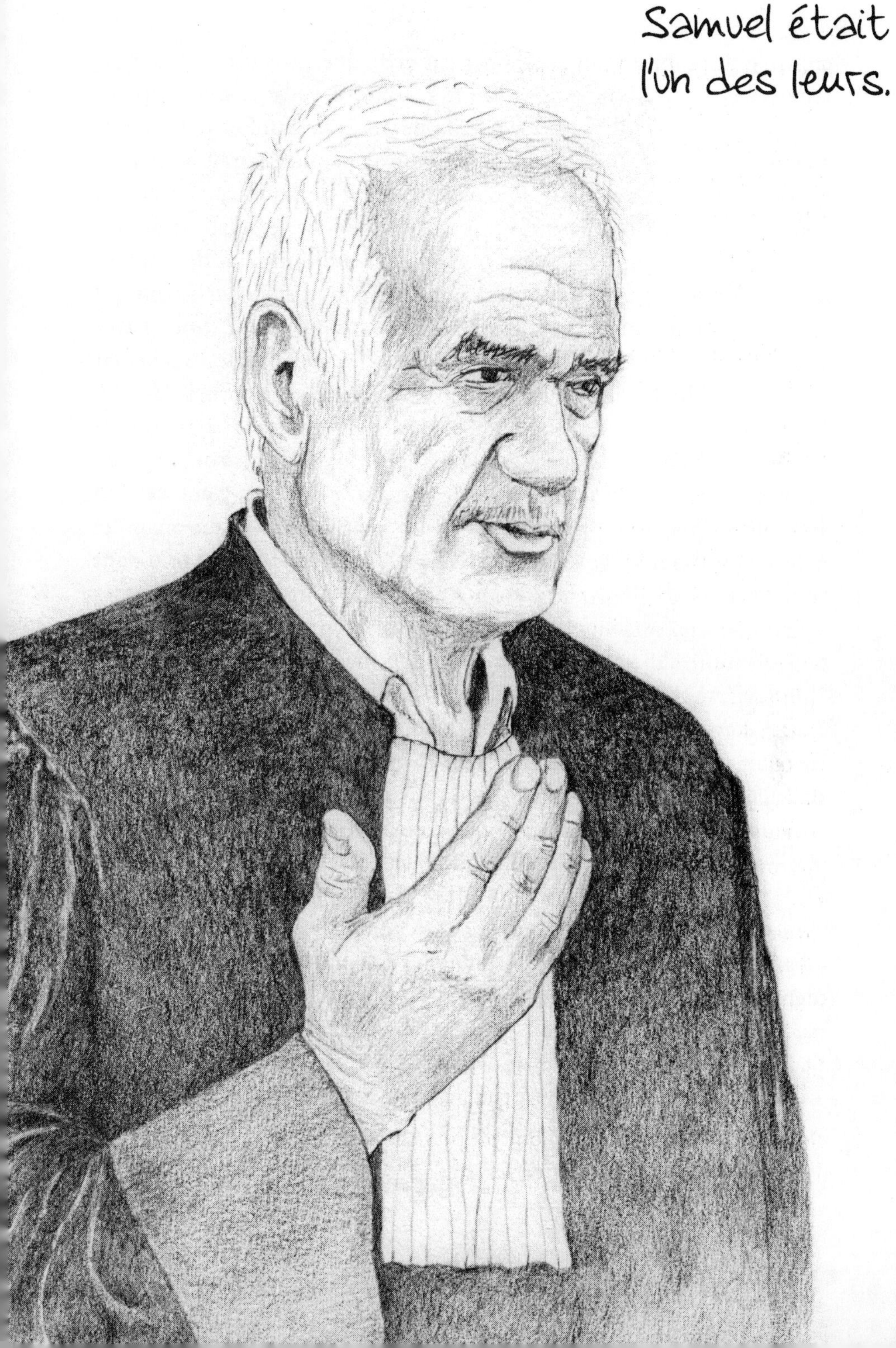
Samuel était
l'un des leurs.

contrôle des caméras de ses abords par celle que vous n'avez pas eu le temps d'appeler Marie-Ange ; en se rendant à votre domicile, parce que vous ne répondiez pas au téléphone après la réunion des parents à laquelle vous n'avez pas assisté ; avec vous au commissariat pour vous soutenir ; en vous attendant le matin à 7 h 30 devant chez vous et en vous raccompagnant, du collège à votre domicile le soir… Sauf LE SOIR, LE SOIR du 16 octobre… Hélas… Leur sentiment de culpabilité est immense, à fleur de peau sur chacun d'eux, de n'avoir pu empêcher l'agression, l'horreur de ce qui vous est arrivé. Vous l'avez entendu à cette barre, Charlie, prolonger devant vous le cauchemar qui l'assaille toutes les nuits, ces deux-trois minutes perdues dans les étages du collège, pour aller reposer un livre, après la sonnerie, ce 16 octobre, juste après avoir croisé Samuel Paty. Et puis son trajet en voiture… ces deux hommes au sol, ces gestes de va-et-vient de l'un sur l'autre qu'il prend d'abord pour un massage cardiaque mais les mains ensanglantées de celui qui se relève… je n'irai pas plus loin dans la description de l'horreur dont il a été le seul témoin.

Samuel Paty ne s'y est pas trompé, dans son mail du dimanche soir, le 11 octobre, lorsqu'il écrivait à ses collègues qu'il était menacé par "DES ISLAMISTES LOCAUX". Et "tout l'établissement aussi", a-t-il ajouté. Les profs, comme tout un chacun, en France en vérité, étaient au courant, savaient le contexte : le procès, les caricatures, l'attentat au hachoir de la rue Paul-Appert du 27 septembre 2020. Alors, c'est la boule au ventre, après avoir pris connaissance du mail de Samuel, que les collègues se sont rendus au collège, le lundi matin. "Le reste de la semaine ressemble à un tunnel dans lequel on s'engouffre en apnée, en attendant les vacances, censées nous libérer du danger", dit Charlotte. Alors, le constat est simple, sans appel : par leurs agissements, par leurs propos, par leurs vidéos, MM. Chnina et Sefrioui ont placé Samuel Paty et tout le collège aussi dans l'axe de la menace. Dans l'axe du couteau d'Anzorov.

Mais si tous ont eu peur pendant ces dix jours terribles, c'est pour vous, surtout, qu'ils ont eu peur, monsieur Paty. Et ils ont admiré votre courage et votre détermination, à faire cours en ces derniers jours quand vous traversiez la cour de récré, feignant de ne pas voir les regards haineux que l'on vous jetait, de ne pas entendre les insultes que l'on murmurait sur votre passage, lorsque vous alliez chercher votre classe. Après le drame, après l'horreur, les pleurs, les cris, la douleur, la consternation, comme nous tous en France, les collègues de Samuel l'ont vécus. Ils l'ont vécus comme nous, mais un peu plus, beaucoup plus encore.

Et puis la rentrée : ils ont accueilli les élèves avec leurs costumes de profs en façade… mais en miettes à l'intérieur… Et là, comme du mazout, la nappe visqueuse de l'attentat a continué à se répandre lentement sur ces profs, dans le collège. Ceux bouleversés comme eux, traumatisés encore à ce jour et toujours psychologiquement suivis. Ceux qui avaient jeté des regards haineux et murmuré des insultes au passage de Samuel dans la cour de récré.

Ceux dont les parents, sur leurs dires, avaient appelé le collège pour se plaindre du cours de M. Paty. Ceux qui continuaient à consulter… "en *lousdé*", passez-moi l'expression, et à s'envoyer la photo de Samuel Paty mutilé, publiée par Anzorov après son crime. Les trois quarts l'avaient vue cette photo et une élève, dans la classe de David et de Charlotte, s'est encore esclaffée en en parlant, disant qu'elle n'avait pas été choquée. Et même, ce matin-là, ils ont accueilli, comme les autres, avec toute leur compassion, avec le maximum de délicatesse possible, prenant sur eux comme je l'ai dit, ceux qui avaient passé l'après-midi avec Anzorov et ceux qui étaient restés jusqu'à la fin des cours, pour attendre Samuel, leur professeur, pour le montrer du doigt. Ça, les professeurs ne le savaient pas à la rentrée. C'est au fur et à mesure que les jours s'écoulaient durant ces semaines de novembre, qu'ils ont réalisé… Comment faire cours après ça ? Retourner en classe ? Les voir assis devant vous, si mignons encore, toujours aussi volontaires, leur faire cours ? Plus largement, comment continuer à exercer ce métier que tous ont choisi par vocation, après ça ?

Comme vous le savez, David préparait l'agrégation d'histoire… Ce n'est pas rien, une agrégation. Ce sont des années d'investissement. Il est aujourd'hui directeur du marketing d'une petite société…

Il n'a pas pu terminer l'année scolaire… Il n'a pas pu supporter d'entendre avant la fin même du premier trimestre de cette horrible année scolaire, un élève de sixième, hurlant sur un autre, dans la cour du collège du Bois-d'Aulne, qu'il allait lui faire "une Samuel Paty".

D'autres collègues, s'ils n'ont pas quitté l'enseignement secondaire, ont quitté ce collège, cette ville, cette académie. L'Éducation nationale leur avait promis de leur faciliter les démarches pour de nouvelles affectations… Mais rien ne leur a été épargné.

D'autres se sont mis et sont encore en disponibilité, qui ne peuvent reprendre et qui traînent encore leur souffrance en fardeau. Et puis il y a ceux qui ont repris… vaille que vaille…

Ça ne se voit pas, mais ce sont des grands brûlés. Comme toutes les victimes d'attentats, directes, indirectes, par ricochet, comme on voudra, parce que ce sont des notions qui n'existent pas en psychiatrie. Tous les experts qui se sont succédé à cette barre de procès en procès, vous l'ont dit, vous les avez entendus : dès lors qu'on a vu la mort, qu'on a en connu la sensation directe, pas fantasmée, pas celle qui arrivera pour tous un jour, mais celle tout de suite, devant soi, on en est irradié et c'est avec cette sensation de la mort imminente qu'il faut vivre désormais.

Heureusement qu'il y avait l'AfTV [Association française des victimes du terrorisme, *nda*]. Ils étaient là, eux aussi, à votre audience, les proches et les collègues de Dominique Bernard, ensemble, le jour où sont venus déposer à votre barre, la maman de Samuel, ses sœurs et "l'ancienne compagne de Samuel Paty et leur fils (*nda*)".

Hier, aussi, j'ai eu les larmes aux yeux, lorsque ma consœur Sabrina Goldman a prononcé ce vers : "Ami si tu tombes, un ami sort de l'ombre à ta place…" J'ai eu les larmes aux yeux, bien sûr, parce que "Le Chant des partisans", c'est l'hymne de la Résistance…

Et, puis je me suis dit : on en est là ?

On est là pour parler de l'école et du métier d'enseignant ?

C'est vertigineux. Et c'est inacceptable. »

15 décembre 2024

Parenthèse

Seule, dans une chambre d'hôtel à Paris, j'écris pour ne pas sombrer…

Les plaidoiries des parties civiles viennent de s'achever, j'attends les réquisitoires du Parquet et surtout le verdict. Je suis prise d'un vertige intense qui m'oblige à écrire pour ne pas éclater. Qu'arrivera-t-il si les accusés ne sont pas pleinement reconnus coupables, s'ils ne sont pas condamnés à de lourdes peines ? Est-ce que la décapitation d'un professeur peut se résumer aujourd'hui à des petites touches de responsabilités ? Peut-on concevoir qu'un crime aussi abject puisse être jugé comme une multitude de petits actes distincts, pas si graves que cela ? J'ai peur de me retrouver face à un jugement qui émiette les responsabilités et qui finisse par faire oublier le crime.

Je suis perplexe face à ces semaines d'audience si longues, qui m'ont semblé brouillonnes, peinant à clarifier les responsabilités de chacun. Mon esprit scientifique attendait une démonstration qui n'a pas eu lieu.

Je n'ai pas aimé non plus le ton des interrogatoires, en décalage complet avec l'horreur et la sidération dont on est encore saisis. Pourquoi laisser des accusés se rétracter face à leurs précédentes dépositions sans chercher à les mettre en défaut ? Pourquoi s'obstiner à leur faire dire ce qu'ils ne diront jamais au lieu de dérouler une démonstration basée sur les faits et les contradictions avec les propos des autres ? Beaucoup de pourquoi et tellement peu de réponses… Ma seule certitude est que mon frère a été décapité pour avoir enseigné et que tous les accusés font partie de cet engrenage mortifère. Je suis également intimement convaincue que sans Chnina et Sefrioui, mon frère serait encore vivant aujourd'hui.

Ce vertige me prend à présent, après six semaines d'audience, six semaines où je suis restée tous les jours assise sur ce banc, à la même place, au premier rang. Je devais être là pour m'imprégner, ressentir. Avant le procès, je m'imaginais écrire un peu tous les jours ce que je vivais, ce que je ressentais. Très vite, j'ai compris que ce n'était pas de cela que j'avais besoin. J'avais besoin d'une immersion totale, sans mise à distance par le biais de l'écriture. Je suis restée tous les jours dans le Palais, j'ai mangé dans le Palais, je sortais uniquement pour rentrer en marchant jusqu'à ma chambre d'hôtel sans vouloir faire autre chose, je ne voulais pas quitter cette bulle. Cette immersion m'était nécessaire et me semblait à la hauteur du drame. Je ne pouvais pas assister au procès « à la carte ». Je ne pouvais pas composer. Toute l'horreur du drame se tenait dans ces longues heures de procès que je devais endurer pour essayer de la dépasser. C'est une quête personnelle certainement, un sentiment de devoir envers mon frère mais aussi envers mes parents qui ne pouvaient pas être présents. C'est déjà difficile de sentir la présence de Samuel dans un tel procès, alors comment imaginer une journée de procès sans la présence d'au moins un membre de la famille ?

Aujourd'hui, je suis évidemment fatiguée, c'est même un épuisement profond que je ressens. J'ai purgé ces quatre années de déni, de deuil, de dépression et de colère. J'ai tout vidé pendant ces six semaines. Depuis quatre ans, mon horizon de vie ne dépasse pas le mur symbolique qu'est ce procès. Aujourd'hui encore il s'arrête le 24 décembre autour d'un moment festif avec mon mari et mes enfants. C'est difficile de vivre sans perspectives. Aujourd'hui je suis sur le point de passer au-delà du mur, de dépasser cet horizon, en ayant soldé, du moins je l'espère, tout ce qui a fait ma vie depuis ce jour fatidique du 16 octobre 2020. J'ai l'impression que l'après-procès, quelle qu'en soit l'issue, sera le début d'une nouvelle vie pour moi. Une vie où je ne serai pas une victime de terrorisme, où je ne serai pas la sœur éplorée de Samuel Paty, mais une vie où je pourrai être actrice de ce qui m'arrive. J'ai bien compris aujourd'hui que le retour à une vie « normale » comme celle que je menais avant le 16 octobre 2020 me serait impossible. Il me faut inventer ma nouvelle vie « normale », intégrant ce drame. Je veux trouver une place, être une voix, dans l'après-Samuel Paty. Car il faut qu'il y ait un après. Pour le moment, c'est le temps judiciaire, nécessaire. Mais il faut qu'il y ait une suite, plus politique, au sens noble du terme, dans nos écoles, dans nos villes et villages. Il faut que l'après-Samuel Paty se construise de manière apaisée mais ferme et j'espère y trouver ma place. J'ai pris beaucoup de temps pour observer les gens qui s'emparaient de son nom, le temps de comprendre leurs intentions, les intérêts parfois personnels, les discours et les postures. Aujourd'hui, je me sens prête à m'impliquer.

Il me reste à affronter cette dernière semaine de procès, d'abord le réquisitoire du Parquet dont j'ai besoin pour entendre ce qu'il s'est réellement passé. Je ne vais pas assister ensuite à toutes les plaidoiries de la défense. Je suis lassée d'écouter les « arguments » brandis par les avocats des accusés. Un plateau télé « C à vous » m'attend, une première pour moi. Enfin, le verdict !

Une semaine qui sera sous tension permanente, une exposition médiatique très forte, et toujours la nécessité d'être là pour Samuel. Ensuite je retournerai dans le Gers, loin de tout ce qui a été ma vie pendant près de deux mois. Une nécessité vitale d'être chez moi, avec les miens, de passer du temps loin de l'horreur que je côtoie depuis deux mois à longueur de journée. Retrouver la douceur d'un foyer est primordial pour moi-même si laisser ce procès derrière moi ne se fera pas du jour au lendemain. Il va falloir recommencer à vivre, un peu comme une convalescence, me laisser le temps de récupérer, d'écouter mes besoins comme me l'a conseillé une psychologue du tribunal. Et rester accrochée à l'après, qu'il reste à construire, s'entourer des bonnes personnes et rester vigilante face au risque de récupération. Un équilibre sur le fil à trouver, encore un…

16 décembre 2024

Extraits du réquisitoire des deux avocats généraux, Marine Valentin et Nicolas Braconnay

Quasiment six heures de réquisitoire. Les premiers mots sont pour Samuel Paty : « Le 16 octobre 2020 à 16 h 54, en la personne de Samuel Paty, le terrorisme islamiste a atteint l'école, cœur battant de la République. Samuel Paty n'était pas un symbole, pas un martyr, d'aucune cause. Il n'est pas mort en militant, il n'est pas mort en hussard noir de la République, mais en victime innocente d'un crime radicalement abject et absurde. Mais, à travers lui, c'est beaucoup de ce que nous sommes en tant que société qui a été atteint. Cette République des instituteurs et des professeurs, dont tous les citoyens sont des héritiers et dont Samuel Paty était l'incarnation, elle commence par la liberté d'expression qui n'est rien sans l'instruction offerte à tous. Mais accuser, c'est d'abord s'imposer le devoir de recherche de la vérité, trouver l'incrimination la plus juste sans faiblesse mais sans excès. »

« Notre réquisitoire n'a pas pour but de plaire aux parties civiles. Mais l'exigence et l'effort d'argumentaire qui sont les nôtres, que les parties civiles sachent qu'ils leur sont aussi adressés. »

« Farrouk Faizimtov ne peut pas être considéré comme le commanditaire » de l'attentat terroriste.

« Si Abdoullakh Anzorov était dans le box aujourd'hui, il ne fait nul doute que nous aurions requis la peine maximale. »

Le Parquet national antiterroriste requalifie les peines annoncées pour quatre accusés et revient sur leurs durées, inférieures à celles initialement encourues :

Azim Epsirkhanov

Seize ans de réclusion criminelle assortie d'une période de sûreté des deux tiers, accompagnée d'un suivi judiciaire. Il était jugé pour « complicité d'assassinat terroriste ». L'accusation a demandé à la cour une requalification en « association de malfaiteurs terroriste ».

Naïm Boudaoud

Quatorze ans de réclusion criminelle avec une période de sûreté des deux tiers, accompagnée d'un suivi judiciaire. Il était jugé pour « complicité d'assassinat terroriste ». L'accusation a demandé à la cour une requalification en « association de malfaiteurs terroriste ».

Selon le PNAT, il n'existe « aucun doute sur le soutien logistique qu'ils ont apporté, ni sur le fait qu'ils connaissaient la radicalisation d'Anzorov. En revanche, il n'est pas possible de démontrer qu'ils avaient une connaissance précise du projet meurtrier ».

Brahim Chnina

Dix ans de réclusion criminelle « pour association de malfaiteurs terroriste », assortis d'une période de sûreté des deux tiers et l'interdiction définitive du territoire français.

Abdelhakim Sefrioui

Douze ans de réclusion criminelle « pour association de malfaiteurs terroriste », assortis d'une période de sûreté des deux tiers et un suivi socio-judiciaire pendant huit ans.

Pour le ministère public, l'« association de malfaiteurs terroriste » est constituée car la campagne numérique des deux hommes contre Samuel Paty était « concertée » et a été le fait d'un « ciblage viral et violent du professeur » alors même que la menace terroriste était connue avec la republication des caricatures de Mahomet par *Charlie Hebdo*, en septembre 2020, à l'occasion de l'ouverture du procès des attentats de janvier 2015. Le PNAT considère que « personne ne dit qu'ils souhaitaient la mort de Samuel Paty mais en allumant des milliers de mèches numériques, ils avaient conscience que l'une d'elles mènerait à la vengeance djihadiste contre le professeur ».

Louqmane Ingar

Trois ans d'emprisonnement pour « association de malfaiteurs terroriste » avec sursis probatoire de deux ans.

Ismaël Gamaev

Cinq ans d'emprisonnement pour « association de malfaiteurs terroriste » dont dix-huit mois avec sursis et un suivi socio-judiciaire de six ans, avec obligation de travail et interdiction de détenir ou de porter une arme.

Priscilla Mangel

Dix-huit mois d'emprisonnement avec sursis probatoire de trois ans pour « provocation directe au terrorisme » avec obligation de travailler (interdiction avec les mineurs) et de se soumettre à un suivi psychothérapeutique et à une prise en charge socio-éducative.

Yusuf Cinar

Un an d'emprisonnement pour « apologie publique du terrorisme par un moyen de communication en ligne » avec un suivi socio-judiciaire pendant cinq ans.

Vers 16 h 30, Franck Zientara annonce « quinze minutes de suspension d'audience ». Les proches de l'enseignant assassiné quittent les lieux. Virginie Le Roy considère ces « réquisitions scandaleuses. La famille de Samuel Paty est choquée et en colère ». Selon Francis Szpiner, « ces réquisitions, ce n'est pas rendre justice ».

Notre réquisitoire n'a pas pour but de plaire aux parties civiles. Mais l'exigence et l'effort d'argumentaire qui sont les nôtres, que les parties civiles sachent qu'ils leur sont aussi adressés.

J'attendais beaucoup du réquisitoire du Parquet, trop sans doute pour ne pas être déçue. Pendant de longues heures, je bois les paroles des deux avocats généraux qui, d'une voix ferme, presque autoritaire, explicitent avec moults détails l'enchaînement des faits depuis le cours fatidique jusqu'au dénouement monstrueux. Ils remplissent les blancs laissés par les accusés pendant l'audience, et ils démontrent les intentions inavouées. Ils me donnent à entendre leur vérité de ce qu'il s'est passé pendant les dix jours qui ont précédé la mort de mon frère. Et pourtant, cette implacable démonstration à la hauteur de mes attentes se solde, en fin de compte, par des peines requises bien inférieures à celles attendues, et même par une requalification des accusations en dessous de celles prononcées dans l'ordonnance de renvoi du même Parquet national antiterroriste. Epsirkhanov et Boudaoud ne doivent plus être jugés comme des complices mais comme des membres d'une association de malfaiteurs terroriste. Les bras m'en tombent. Incompréhension totale. L'impression d'être trahie par un Parquet qui ne tient pas ses promesses. Comme si la responsabilité de chacun, même si elle est pleinement reconnue, ne peut pas être complètement considérée comme une partie indissociable de l'acte terroriste. Je prends alors brutalement conscience que le Parquet n'est pas l'allié que j'imaginais naïvement. Et je fonds en larmes. Je sors de la salle, furieuse, avec le sentiment d'être abandonnée dans ma quête de justice, persuadée alors que le procès accouchera d'une souris, qu'il aboutira même peut-être à l'acquittement de certains accusés. À l'issue des réquisitoires du Parquet, ma foi en la justice vacille…

Fin d'après-midi du 16, 17, 18 et début de matinée du 19 décembre 2024

Extraits des plaidoiries des avocats de la défense

Les débats s'achèvent avec les plaidoiries de la défense. Des acquittements ont été demandés pour leurs clients par les avocats de Brahim Chnina, Abdelhakim Sefrioui et Naïm Boudaoud.

Maître Sarah Valduriez est la dernière à s'exprimer le 19 décembre dans la matinée.

Il est difficile de faire l'autopsi
d'une erreur judiciaire. Douloureu
aussi. Mais c'est ça, la vérité, e
il n'est pas trop tard.

Maître Lucile Collot, avocate de Yusuf Ci

Sortez-la de l'AMT !

Maître Margot Pugliese,
avocate de Priscilla Mangel

Il n'y a eu aucune entente entre mon client et Abdoullakh Anzorov qui a agi de sa propre volonté, seul, mû par sa propre haine.

Maître Luc Brossollet, avocat de Louqmane Ingar

Sefriovi ne donne pas le nom de Samuel Paty dans sa vidéo. M. Paty, ce n'est pas son sujet. L'essentiel de son discours est une critique du discours du président Macron sur le séparatisme. On vous parle de fatwa. Mais quelle fatwa ? Il n'y a pas d'appel à la violence, c'est simplement un discours militant.

Maître Ouadie Elhamamou
avocat d'Abelhakim Sefri

amuel Paty est mort du
errorisme et acquitter
bdelhakim Sefriovi n'y
angera rien. Votre décision
e doit pas être une réponse à
ttente de l'opinion publique, ni
pour combler l'attente des
rties civiles.
J'ai conscience que dans cette
affaire, mon client n'est pas le gentil.
Il n'a pas l'air sympa et ça n'aide pas.
Vincent Brengarth et Colomba Grossi,
avocats d'Abdelhakim Sefriovi

Vous ne pouvez pas condamner Brahim Chnina sur la base d'une association de malfaiteurs qui n'existe pas !

Maître Nabil El Ouchikli, avocat de Brahim Ch

Vous ne le transformerez pas en salaud absolu parce qu'on en a trè envie. Soit vous cédez à l'opinion publique et à son cortège, soit vou faites ce qui est le plus dur et, à mon avis, c'est de juger cet hom

Maître Frank Berton, avocat de Brahim Chnin

C'est quoi l'objet de ce procès ? C'est le symbole ?
C'est marquer l'Histoire ? C'est réparer les victimes ?
Apaiser l'opinion publique ? Faire plaisir aux médias ?
Ou c'est juger Brahim Chnina ?
Maître Louise Tort, avocat de Brahim Chnina

Maître Camilla Quendolo et maître Mich
Bendavid, avocats d'Ismaël Gamaev

Je sais que je porte la voix d'un innocent. Il n'y est pour rien, il a été instrumentalisé.
Les propos nauséabonds de certains avocats de la partie civile sont comme un crachat au citoyen musulman que je suis.
aître Hiba Rizkallah et maître Adel Fares,
vocats de Naïm Boudaoud

Un terroriste cherche la mort, alors qu'Azim Epsirkhanov aime la vie.

Maître Sarah Valduriez, avocate d'Azim Epsirkhanov

19 décembre 2024 – fin de matinée

Paroles en dernier

L'audience est suspendue 10 minutes. Les derniers mots sont ensuite réservés aux accusés. Dans la salle des Grands Procès du Palais de Justice de Paris, à 11 h 35, Franck Zientara leur pose cette ultime question : « Avez-vous quelque chose à ajouter pour votre défense ? ». Ismaël Gamaev et Louqmane Ingar ne tiennent pas à s'exprimer.

Une fois cette étape terminée, le président demande aux gardes de faire « retirer les accusés de la salle » et annonce une suspension de l'audience afin que la cour s'isole pour délibérer. Des mots du président, le verdict sera rendu le lendemain à compter de 20 heures.

Mes dernières paroles… Ça fait quatre ans que je suis face à une montagne qui m'empêche d'apercevoir l'horizon, qui m'empêche de me projeter, qui m'empêche d'être heureux. La montagne du désespoir… Bien sûr que j'ai des souffrances incomparables avec la famille de celle de Samuel Paty, mais je veux qu'ils sachent que je n'ai jamais voulu faire du mal à quelqu'un et que je suis incapable d'aider quelqu'un à faire du mal. J'ai compris dans ce procès que les mots ont une force, qu'ils vous accompagneront dans votre délibéré.

Naïm Boudaoud

Azim Epsirkhanov

Monsieur le président, tous les jours de ce procès, j'ai essayé de rester digne pour que ma voix soit entendue. J'ai vu la dignité de la famille Paty. J'ai un respect énorme face à cette mère qui s'est présentée devant vous sans aucune haine, sans aucune frustration, qui s'est exprimée devant vous pour demander la justice et la vérité. C'est envers la famille qu'on doit la vérité. Je voulais être plus compréhensible. Nous, ce qu'on a vécu, qu'on comprenne. Comment les choses e sont arrivées là ? En aucun cas, nous n'avons participé à quoi que ce soit.

Bonjour monsieur le président, mesdames et messieurs de la cour, les parties civiles, toute la famille de M. Paty, et surtout son fils. Je tiens encore à présenter mes excuses. Je suis désolé. Je regrette du fond du coeur ce que j'ai fait. Je n'ai pas pensé aux risques et aux conséquences. J'ai été égoïste. Je voulais défendre et protéger ma fille. J'ai tout raté. Même à l'audience, j'ai été maladroit. Je ne suis pas un terroriste. Je hais les terroristes. Ma vie, c'est d'aider les gens, d'être utile.

Brahim Chnina

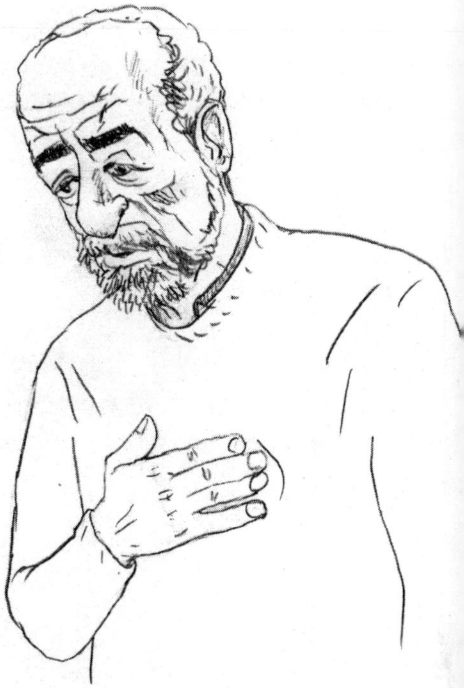

J'espère que ce que j'attendais de ce procès a pu permettre à la famille de Samuel Paty et à ses proches d'évoluer dans leur façon de me regarder et de savoir que je n'ai rien à voir avec ce crime. Le terrorisme, toute ma vie l'a prouvé, tout mon être le rejette, ma philosophie le rejette. Mon militantisme, il est pour la justice. Je n'ai rien à voir avec ce crime indigne de l'humanité tout entière.

Abdelhakim Sefrioui

Je ne sais pas si j'ai pu me faire comprendre par la cour. Vous avez devant vous une femme, une femme voilée mais nue, nue qui est très inquiète et surtout très inquiète pour l'avenir.

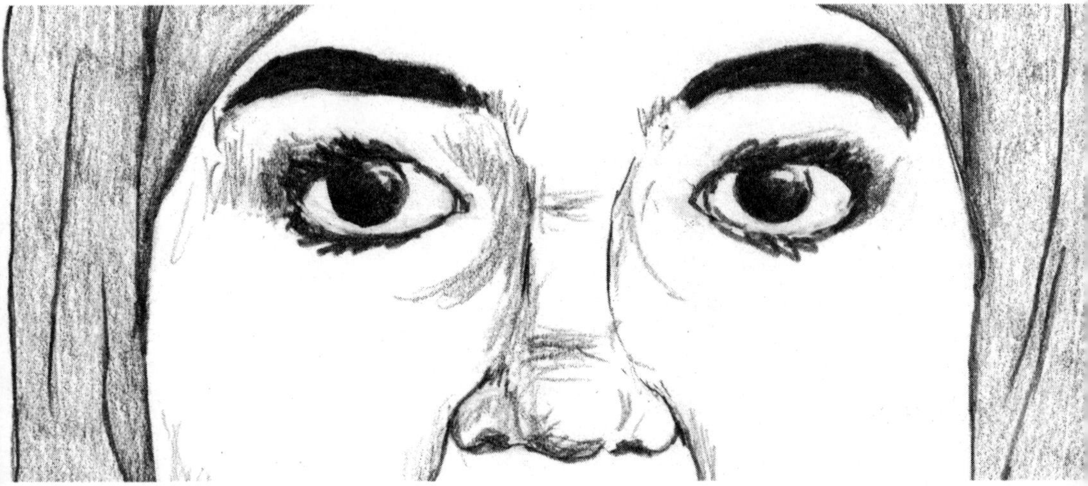

Priscilla Mangel

« Je peux les lire ? » demande Yusuf Cinar au président qui lui donne son accord. Il s'agit de quelques mots laissés sur une feuille de papier.

Dire encore une fois que je suis de tout coeur avec la famille de Samuel Paty. J'ai fait quatre ans de prison. Je veux retrouver ma famille sans être expulsé en Turquie.

Yusuf Cinar

20 décembre 2024

Verdict

Il est précisément 20 heures lorsque nous nous levons pour accueillir la cour. La salle est comble : de nombreux journalistes, le public, au premier rang les deux sœurs de Samuel Paty, les enseignants derrière la famille de Gaëlle. L'ancienne compagne de Samuel Paty et leur fils se sont installés à côté d'elle. Les proches des accusés sont présents… placés à ma gauche, à quelques mètres.

La cour a retenu la culpabilité des huit accusés. Les qualifications exposées par les juges se révèlent plus sévères que les réquisitions du Parquet national antiterroriste. Elle a pris « en considération les faits d'une barbarie absolue [qui] constituent une atteinte irrémédiable aux valeurs de la République, notamment à la laïcité, et au sanctuaire qu'est l'école, causant un émoi considérable dans le pays, plus particulièrement dans le corps enseignant, et un traumatisme définitif et durable notamment pour son fils [alors âgé] de 5 ans ». À l'issue de chaque peine prononcée, le président demande à l'accusé s'il a compris.

En conséquence, « la cour condamne » :

Azim Epsirkhanov et Naïm Boudaoud

À la peine de seize ans de réclusion criminelle sans peine de sûreté, pour le crime de « complicité d'assassinat en relation avec une entreprise terroriste ». S'il n'est pas démontré qu'ils avaient connaissance de l'intention d'Anzorov, la cour a tenu compte du « rôle » qu'ils ont « joué dans les faits alors qu'ils étaient parfaitement conscien[ts] de la dangerosité d'Abdoullak Anzorov qui était [leur] ami d'enfance et dont [ils connaissaient] la radicalisation » et de son projet « de s'attaquer à l'intégrité physique d'un tiers » mais à qui ils n'ont pas « hésité à proposer [leur] aide », notamment « dans la recherche des armes ».

La cour ordonne, à la majorité, qu'Azim Epsirkhanov devra faire l'objet d'une « injonction de soins », d'une mesure de suivi socio-judiciaire durant cinq ans. Des mesures qui comprennent notamment : exercer une activité professionnelle ou suivre un enseignement ou une formation ; ne pas détenir ou porter une arme. Il est inéligible pendant dix ans.

La cour ordonne, à la majorité, que Naïm Boudaoud devra faire l'objet d'une « injonction de soins », d'une mesure de suivi socio-judiciaire durant cinq ans. Des mesures qui comprennent notamment : exercer une activité professionnelle ou suivre un enseignement ou une formation ; ne pas détenir ou porter une arme. Naïm Boudaoud est inéligible pendant dix ans.

Azim Epsirkhanov ne peut et ne veut y croire. Il s'effondre. Les mouvements de son visage, figé, rougi par le verdict, oscillent de gauche à droite. Il demeure silencieux à l'ultime question du président de la cour. Quant à Naïm Boudaoud, il reste immobile, le regard perdu. Il répond au président qu'il n'a « rien à dire ».

Abdelhakim Sefrioui et Brahim Chnina

Ils sont respectivement condamnés à quinze et treize ans de réclusion criminelle pour le crime d'« association de malfaiteurs terroriste criminelle », une « incrimination [qui] permet de réprimer toute participation qu'il s'agisse d'un acte d'action ou de soutien à une entente ou un groupe établi en vue de commettre un acte de terrorisme ». Les magistrats considèrent que ces auteurs de la « campagne de haine » contre Samuel Paty « ont préparé les conditions d'un passage à l'acte terroriste », précisant qu'il n'est pas démontré que les deux hommes souhaitaient l'issue fatale. Ils « ont agi de concert », ont joué un « rôle central dans l'enchaînement causal » conscients du « risque de violences à l'intégrité physique pouvant s'exercer sur Samuel Paty », se sont « concertés pour donner une plus large publicité aux faits dans un contexte de republication des caricatures, et ce malgré les mises en garde ». En « attisant la colère et la haine » d'Abdoullakh Anzorov, ils ont « contribué à son passage à l'acte » et sont « devenus son bras armé ».

Abdelhakim Sefrioui a joué un « rôle essentiel dans l'enchaînement causal de l'assassinat de Samuel Paty en soutenant Brahim Chnina » avec une volonté d'« absence de tout apaisement » tout en ayant été l'auteur d'une « série d'actions virulentes » pendant plusieurs années.

La cour ordonne, à la majorité, qu'Abdelhakim Sefrioui fera l'objet notamment d'une mesure de suivi socio-judiciaire durant cinq ans. Elle prononce l'inéligibilité de l'accusé pour une durée de dix ans.

« J'ai compris que vous avez fait de la politique, pas de la justice, lance Sefrioui du box des accusés. Je vais faire appel. »

En ce qui concerne le père de Z., la cour estime qu'il a joué un « rôle central dans l'assassinat de Samuel Paty ». Son état de santé, sa situation familiale, son « aveuglement [ont été] pris en considération » ainsi que « l'ascendant d'Abdelhakim Sefrioui sur lui lors des faits ». Brahim Chnina n'aura « pas d'interdiction du territoire français ». La cour ordonne, à la majorité, que Chnina fera l'objet notamment d'une mesure de suivi socio-judiciaire durant cinq ans. Elle prononce l'inéligibilité de l'accusé pour une durée de dix ans.

Pleurs, cris des familles et applaudissements se mêlent dans la salle. Les filles de Brahim Chnina hurlent. Le président de la cour intervient pour que ces réactions cessent immédiatement.

Ismaël Gamaev

La cour d'assises spécialement composée a condamné Ismaël Gamaev à la peine de cinq ans d'emprisonnement dont trente mois avec sursis, assortis d'un sursis probatoire d'une durée de trois ans, pour le crime « d'association de malfaiteurs terroriste criminelle ». Certaines obligations lui sont imposées, notamment d'exercer une activité professionnelle ou suivre un enseignement ou une formation professionnelle et ne pas détenir ou porter une arme. Il est déclaré inéligible pendant dix ans.

Selon la cour, il ne pouvait être que « conscient de la réalité de la menace. Les termes employés ont suscité le crime et ont préparé les conditions d'un passage à l'acte de terrorisme ».

Louqmane Ingar

Il est condamné à trois ans de prison pour « association de malfaiteurs terroriste criminelle » dont deux ans avec sursis, assortis d'un sursis probatoire d'une durée de trois ans.

Yusuf Cinar

Il est condamné à un an d'emprisonnement ferme pour le délit « d'apologie publique d'un acte de terrorisme commis au moyen d'un service de communication au public en ligne », assorti d'un suivi socio-judiciaire de trois ans. Il devra exercer une activité professionnelle ou suivre une formation et ne pas détenir ou porter une arme. La cour prononce son inéligibilité pendant dix ans.

Priscilla Mangel

Elle est condamnée à la peine de trois ans d'emprisonnement avec sursis, assorti d'un sursis probatoire d'une durée de trois ans, pour le délit de « provocation directe à un acte de terrorisme commis au moyen d'un service de communication au public en ligne ». Elle devra respecter les conditions d'une prise en charge sanitaire, sociale, éducative ou psychologique, « destinées à permettre sa réinsertion et l'acquisition des valeurs de la citoyenneté », exercer une activité professionnelle ou suivre un enseignement ou une formation professionnelle, ne pas détenir ou porter d'armes, ni se livrer à une activité impliquant un contact habituel avec des mineurs. Dix ans d'inéligibilité sont requis également pour elle.

Les avocats de la partie civile saluent une « décision importante et juste. C'est la République qui a gagné ».

Vincent Brengarth annonce que son client A. Sefrioui fait immédiatement appel de sa condamnation. Il se désolidarise des propos de son confrère Ouadie Elhamamouchi qui estime que son client est désormais « un prisonnier politique ».

Trois autres accusés vont se joindre à Sefrioui et feront appel de leur condamnation en première instance : Brahim Chnina, Naïm Boudaoud et Azim Epsirkhanov. La date du procès est fixée entre le 26 janvier et le 27 février 2026.

C'est comme une évidence qui, somme toute, a demandé un certain courage à la cour : à un procès terroriste inédit équivaut une réponse judiciaire inédite. Car la question au centre de l'interrogation concernant les deux complices demeure fondamentale : les messages de haine, les propos militants, les actions de manipulation de Sefrioui et Chnina qui n'appellent pas directement au meurtre de l'enseignant, peuvent-ils être jugés comme une infraction terroriste à partir du moment où ils sont à l'origine de l'attentat ? Leur investissement, leurs écrits et leurs actions faisaient indéniablement courir un « risque assumé » à la personne visée. Étant donné qu'ils ont été perçus par la cour comme les maillons essentiels de la chaîne ayant conduit à l'attentat, le verdict a établi une nouvelle jurisprudence : leur action peut rétrospectivement être considérée comme un crime terroriste.

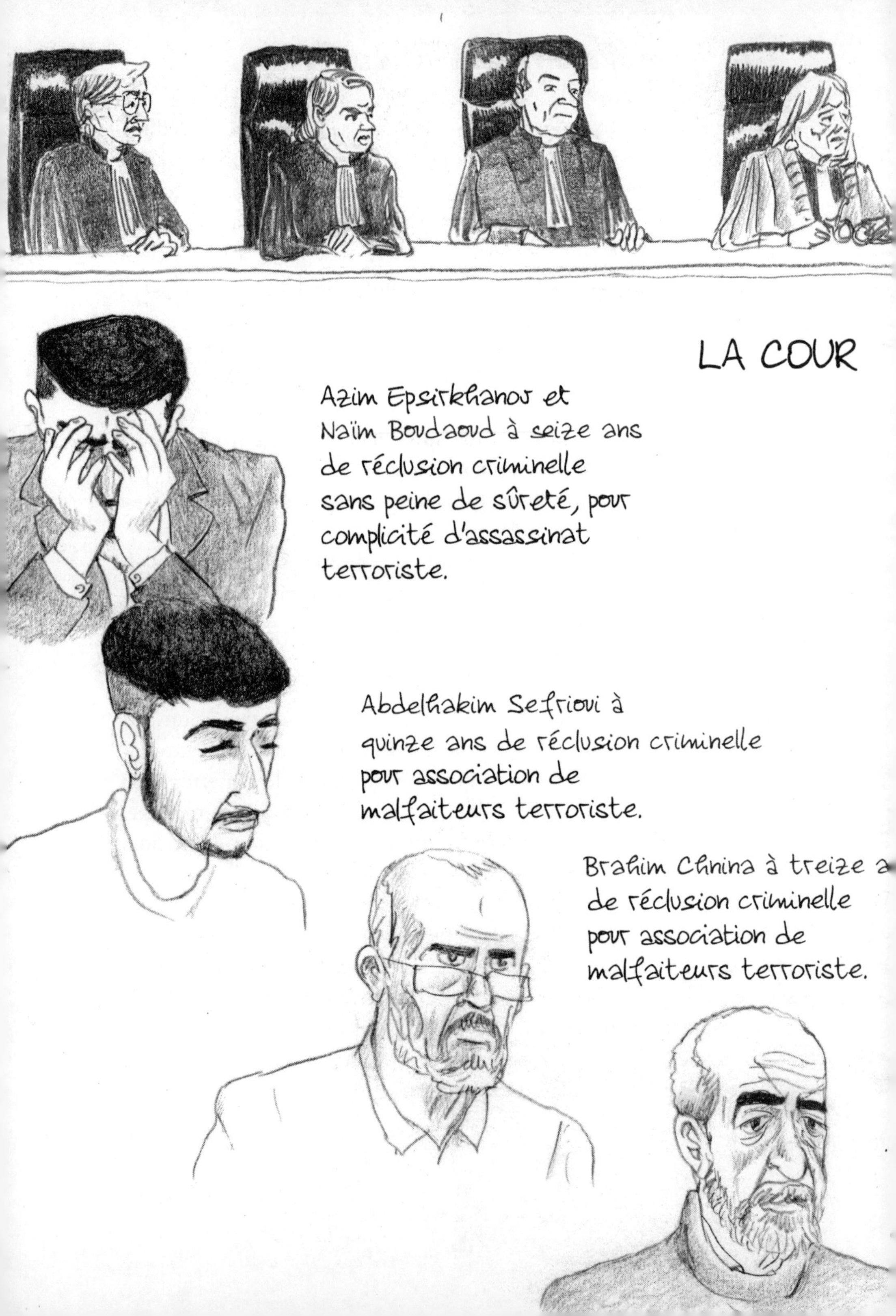
LA COUR
Azim Epsirkhanov et Naïm Boudaoud à seize ans de réclusion criminelle sans peine de sûreté, pour complicité d'assassinat terroriste.
Abdelhakim Sefrioui à quinze ans de réclusion criminelle pour association de malfaiteurs terroriste.
Brahim Chnina à treize a de réclusion criminelle pour association de malfaiteurs terroriste.

CONDAMNE…
Yusuf Cinar à un an de prison pour apologie d'actes de terrorisme.
Priscilla Mangel à trois ans de prison avec sursis pour provocation directe à des actes de terrorisme.
Louqmane Ingar à trois ans de prison dont deux avec sursis pour association de malfaiteurs terroriste.
smaël Gamaev à cinq ns de prison dont rente mois avec ursis pour association e malfaiteurs errorist.

Il est 20 heures dans la salle d'audience. La cour s'installe, solennellement, dans un silence lourd. L'attente n'aura pas duré une seconde de plus qu'annoncé. Le président prend la parole. Je comprends au ton de sa voix que quelque chose a changé. Finis les débats sans fin où les mensonges des accusés prennent tout l'espace, place à la justice à présent.

Le mot « coupable » résonne huit fois dans cette salle sous tension. Coupable de complicité d'assassinat en relation avec une entreprise terroriste. Coupable d'association de malfaiteurs terroriste. Coupable d'apologie du terrorisme. Coupable de provocation directe à un acte de terrorisme. Ils sont tous reconnus coupables et je réalise à cet instant que c'est tout ce que j'avais besoin d'entendre. J'entends alors les peines prononcées. Derrière moi, les cris et lamentations des familles des accusés couvrent pour le public l'implacable verdict. Seize ans pour les complices MM. Epsirkhanov et Boudaoud, quinze ans pour M. Sefrioui, treize ans pour M. Chnina, des peines beaucoup plus légères pour les autres accusés qui ressortiront libres.

Le poids énorme qui m'empêchait de respirer, presque de vivre, depuis quatre ans s'envole quand le président dit son dernier mot. Je tombe dans les bras de mes proches et de mon avocate. L'envie de se dire « on a gagné », même si cela n'est pas vraiment la réalité. Mon frère est toujours mort et des dizaines de vies sont brisées, ou du moins cabossées, à cause de cet assassinat. Comment se réjouir aussi des peines prononcées quand on entend la douleur des familles et l'abattement de certains accusés ? Alors, je préfère verser quelques larmes en pensant à Samuel, en lui disant intérieurement que justice a été rendue et que je peux le laisser partir à présent.

Doucement je reprends pied dans la réalité de la salle et redécouvre mon environnement. Cela commence à dégénérer : des familles très en colère, proférant des propos menaçants vis-à-vis des parties civiles, un cordon de gendarmes qui les empêche d'avancer jusqu'à nous, Sefrioui debout sur son banc dans le box qui crie au procès politique, Epsirkhanov menotté puis extrait brutalement de son box après avoir, d'un geste, menacé de mort Gamaev. Je sens qu'il faut partir, les gendarmes nous conduisent vers des portes dérobées pour quitter la salle d'audience. Une dernière interview aux journalistes présents et je sors du tribunal.

Quelle violence un verdict ! Que d'émotions intenses, complexes, qu'il est difficile de décrypter à chaud. Avant de rentrer chez moi, je reste avec mes avocats, Éric et Virginie, boire un dernier verre à la célèbre brasserie Les Deux Palais, située juste en face du Palais de justice où j'ai eu l'occasion, à plusieurs reprises, de venir manger pendant ces sept semaines. Le patron n'avait pas voulu m'importuner avant, il est venu me saluer cette fois-ci, m'apporter toute sa compassion et une bouteille de champagne à partager ! Encore une belle preuve d'humanité comme toutes celles que j'ai pu voir jaillir pendant ces longues semaines, une humanité toujours plus forte que la barbarie…

UN PROCÈS POUR L'AVENIR ?

« Un procès pour l'avenir ? On espère maintenant que les menaces, les alertes soient immédiatement prises au sérieux et traitées par l'institution qui, je crois, s'est engagée dans ce sens. Mais le contexte est tellement difficile. C'est aussi l'avenir d'une profession qui en dépend. Je l'ai d'ailleurs dit en conclusion de mon témoignage : "Sachez que le verdict est très attendu pour la famille et par tous les enseignants de France." »

Joëlle Alazard.

« Un procès pour l'avenir ? Oui, pour l'avenir du fils de Samuel Paty qui doit grandir avec l'assurance que la justice n'est ni indifférente ni un acte de vengeance. Oui, pour construire une passerelle au-dessus du précipice que l'assassinat de Samuel Paty a brutalement creusé entre les professeurs et les élèves. La justice a fait son possible pour que l'esprit des Lumières cher à l'enseignement l'emporte sur le cloaque des fausses rumeurs et de la haine. »

Chantal Anglade.

« Un procès pour l'avenir ? Il y a plusieurs lectures. J'y vois l'avenir de la famille Paty parce que c'est ça, en premier lieu ; l'avenir de l'école ensuite, l'avenir de notre société vers une société autre. »

Virginie Le Roy.

PARTIE 4

Entretiens

L'histoire du temps présent se confronte à différentes sources parmi lesquelles les sources orales. Les trois entretiens qui suivent ont été effectués les 20 et 21 mai 2025. Avec un certain recul, les trois personnes interrogées reviennent sur ce qu'elles considèrent comme des éléments constitutifs de ce moment judiciaire. Joëlle Alazard, Chantal Anglade et Virginie Le Roy se sont imposées d'elles-mêmes du fait de leur profession. Chacune apporte des commentaires essentiels et délivre, en quelque sorte, un message spécifique à leur « communauté » mais également à la société tout entière.

Joëlle Alazard

Professeure de chaire supérieure en histoire, présidente de l'Association des professeurs d'histoire et de géographie (APHG)

« Même si je suis une professionnelle de la parole, témoigner a été très complexe pour moi. Le contexte judiciaire, l'éloignement des élèves auxquels je peux tout dire et tout transmettre, changent évidemment totalement les données. Il est impossible, aux assises, d'avoir des notes rédigées : alors que j'avais un raisonnement à dérouler, j'étais sous pression, je craignais de perdre le fil, de ne pas trouver les mots. Finalement cela a coulé de source, les temps de ma prise de parole sont restés clairs. Il fallait que je parvienne à représenter à la fois une profession et un homme, Samuel. Un professeur d'histoire-géographie se devait de légitimer et décortiquer son cours pour être capable de faire comprendre la problématisation, le choix des documents, les intentions professionnelles et pédagogiques, etc. J'avais entendu tellement d'âneries sur le fait que c'était un cours sur l'histoire de l'islam, etc. Je savais que ce que je voyais dans le cours de Samuel allait forcément au-delà de ce que la justice avait pu en percevoir, parce que je suis enseignante, comme Samuel, que je suis mieux à même de comprendre ses démarches, ses choix… de voir aussi ce qu'il a fait avec eux durant cette séance, où un vrai débat avait eu lieu pour comprendre la liberté d'expression.

J'ai eu énormément de retours du procès de la part des enseignants, suivis de remerciements. Un déluge sur les réseaux sociaux, sur ma boîte mail… Beaucoup de collègues se sont sentis représentés, ont parlé de "mots justes". En fait, ils ont éprouvé un soulagement… comme moi : celui de ne pas avoir trahi mes collègues. J'avais l'impression que je portais les choses depuis quatre ans ; j'ai eu l'impression d'être une espèce de nuage qui pleuvait d'un seul coup et qui avait besoin de dire, de déverser tout cela.

Avant le verdict, j'étais très angoissée. Nous étions très nombreux à être angoissés. Un ami m'a dit le matin même : "On va voir ce que vaut la vie d'un prof." Je trouvais sa remarque terrible mais n'arrivais pas à lui donner tort : la requalification du Parquet nous avait sidérés. Je craignais évidemment le verdict mais je pensais être parvenue à poser des mots, à avoir défendu Samuel, à avoir bien décrit l'état de sidération dans lequel nous nous sommes trouvés à l'annonce de l'attentat et après. Surtout, avoir fait passer un message essentiel : nos programmes scolaires, tout comme notre liberté pédagogique, ne sont pas négociables. À l'annonce du verdict, j'ai beaucoup pleuré. C'était des larmes de soulagement. J'étais très émue. Je le reste dès que j'y repense. Nous nous sommes sentis entendus, compris par la justice. Avec le recul, je me sens soulagée, pacifiée d'avoir déposé devant la cour. C'est comme si un poids était parti. Cela donne à réfléchir sur ce qu'est la justice dans notre démocratie et sur la manière dont elle peut contribuer à nous protéger au quotidien. Rien ne nous rendra Samuel, mais ce procès a permis d'établir les faits, la vérité, et peut-être de retrouver un peu de sécurité et de confiance. C'est une sorte de clôture émotionnelle qui permettra peut-être de tourner la page.

Un procès pour l'avenir ? On espère maintenant que les menaces, les alertes soient immédiatement prises au sérieux et traitées par l'institution qui, je crois, s'est engagée dans ce sens. Mais le contexte est tellement difficile. C'est aussi l'avenir d'une profession qui en dépend. Je l'ai d'ailleurs dit en conclusion de mon témoignage : "Sachez que le verdict est très attendu pour la famille et par tous les enseignants de France." Il fallait que les sanctions soient dissuasives pour freiner d'éventuels parents qui seraient tentés de solutionner des litiges sur la place publique. On ne règle pas ses comptes sur les réseaux sociaux en appelant à la haine, à la vengeance contre un professeur dont on donne le nom et l'établissement. Ce n'est pas possible. On a évidemment le droit d'avoir des discussions avec les enseignants mais on ne les met pas en péril.

Les enseignants ont peur mais ce n'est pas forcément ce qui domine. Nous essayons de ne pas lâcher le morceau tout en étant devenus plus progressifs : nous construisons souvent les choses différemment. Nous devons prendre des précautions. Nous sommes dans l'obligation d'être plus explicites pour éviter des procès d'intention à notre égard. Nous avons perdu une forme de légèreté avec nos élèves. Nous avons peur de ce qui peut se produire. Il y a encore des élèves qui nous disent : "Ah ! Vous avez travaillé sur les caricatures. Vous savez ce qui est arrivé à Samuel Paty ?"

Beaucoup d'efforts sur les formations à la laïcité et valeurs de la République ont été faits. Des référents sont présents dans les établissements. La base ne s'est peut-être pas encore bien emparée de ces outils à sa disposition. Je pense aussi qu'il existe chez certains collègues une crainte de soutenir la laïcité. Ils se disent que c'est générateur de tensions et qu'on devrait lâcher là-dessus pour être mieux dans nos classes. C'est un vrai enjeu. J'espère qu'il y aura une nouvelle formation sur la laïcité en M1 [première année de formation, *nda*] dans le nouveau Capes [certificat d'aptitude au professorat de l'enseignement du second degré, *nda*], instauré cette année… sans oublier de parler de l'athéisme qu'on ne mentionne que rarement alors qu'il est très répandu. Je me dis souvent que les élèves de familles athées n'ont plus la possibilité de s'exprimer.

La laïcité doit être défendue, mais reconnaissons que cette thématique hystérise aussi régulièrement le débat public. Les positions mesurées ne sont plus audibles aujourd'hui. Ses ennemis historiques l'instrumentalisent : la laïcité est utilisée par l'extrême droite pour stigmatiser les populations souvent musulmanes. On ne peut plus en parler paisiblement. Pourtant, mieux faire passer la laïcité équivaut à plus de liberté et d'égalité et non pas à une série d'interdictions.

J'ai évidemment suivi le procès. Je n'ai pas supporté certains témoignages. S'il n'y avait pas eu les vidéos, les réseaux sociaux, son nom jeté en pâture, Samuel serait là et Dominique Bernard aussi. Ce second attentat a tout réactivé chez nous. Pour moi, ces deux assassinats n'en font qu'un. Les accusés sont coupables, responsables des deux.

Il ne faut rien lâcher pour la mémoire de Samuel, pour le vivre-ensemble dans ce pays. Même si c'est difficile pour l'école d'être une digue et si on est pris régulièrement entre deux mâchoires différentes : l'extrême droite et l'islamisme. Nous avons la responsabilité de tenir un discours républicain, ferme et tolérant. J'ai souvent l'impression que nous sommes en train de rompre avec tous les idéaux et héritages de 1789. Ils sont en train de sauter. On s'éloigne de cette période. Je voudrais que nous restions fidèles aux mots qui nous unissent : liberté, égalité, fraternité… puis la laïcité aussi.

On a cherché quoi faire à l'APHG pour se souvenir de Samuel dès novembre 2020. J'ai eu l'idée de créer une sorte de concours scolaire en EMC. Au-delà de la douleur, nous devions progresser dans la connaissance des valeurs de la République. Le prix Samuel-Paty propose chaque année une thématique différente. Il est aujourd'hui ouvert aux lycéens, collégiens et aux élèves de cycle 3 [école primaire : cours moyen première année (CM1) et cours moyen deuxième année (CM2), *nda*]. Je les revois l'année dernière, sur la scène du grand amphithéâtre de la Sorbonne : ils étaient tous lumineux et incarnaient à merveille les valeurs républicaines que nous transmettons. »

L'école est prise entre les mâchoires de l'extrême droite et des islamistes.

Chantal Anglade

Professeure de lettres modernes, déchargée de service au bénéfice de l'association française des victimes du terrorisme (AfVT), et responsable de son pôle éducatif depuis 2018

« L'association française des victimes du terrorisme est une association créée par des victimes pour des victimes. Sa particularité est qu'elle est partie civile dans tous les procès pour terrorisme et accompagne les victimes jusqu'à la salle d'audience.

En 2018, je suis nommée pour réaliser un projet validé par l'Éducation nationale intitulé "Et si on écoutait les victimes ? Et si on écoutait les lycéens ? Et si on écoutait les collégiens ?" De septembre 2019 à juin 2022, Delphine Allenbach Rachet, professeure d'histoire-géographie, y travaille avec moi.

Survient l'assassinat de Samuel Paty. Rapidement, nous rencontrons la principale et lui proposons de réunir les professeurs et les personnels qui le souhaitent. C'est ainsi qu'une première réunion avec des membres de l'AFVT se déroule un mois après l'attentat : on présente très rapidement les attentats dont nous sommes victimes et les profs commencent à nous parler. Ils étaient dans un état d'immense chagrin et de sidération. Nous avons également rencontré la principale à plusieurs reprises.

On a mis en place un premier projet avec une classe de quatrième dans laquelle un élève s'était associé à Anzorov pour désigner Samuel Paty. Vous imaginez le conflit de solidarité et de loyauté dans la classe envers ce collégien. On a travaillé à partir du film des frères Dardenne *Le Jeune Ahmed*. Notre projet "Ahmed, Louise et nous" nous a amenés à les faire parler du film et d'eux de manière indirecte. Il ne fallait pas les agresser. Les émotions étaient là. Deux témoins victimes de terrorisme sont intervenus. Pendant la première année scolaire, on a aussi travaillé avec trois classes de troisième qui comptaient des élèves mis en examen. Certains collégiens exprimaient leur attachement à leur professeur M. Paty, et d'autres, minoritaires, croyaient [encore] à la rumeur.

Les deuxième et troisième années, on y est retournées avec différents projets dont, par exemple, "Samuel Paty nous appartient-il ?" qui tournait autour de cette question : comment se fait-il que tout le monde parle de Samuel Paty alors que c'est notre professeur ? Distinguer entre l'histoire intime et l'histoire symbolique, c'était très difficile à comprendre pour eux.

L'année dernière, je me suis dit qu'il fallait vraiment qu'on aille plus loin. J'ai organisé un atelier d'écriture intitulé "Je me souviens", qui a permis d'aborder des thèmes très douloureux comme la photo de la tête décapitée de Samuel Paty partagée sur les réseaux sociaux. Nous avons ensuite poursuivi notre action au lycée pour continuer avec les élèves qui avaient connu Samuel Paty. Il ne faut pas les abandonner. J'ai intégré deux classes de terminale de Conflans au projet "Classes en audience" mis en place pendant le procès de l'assassinat de Samuel Paty. En tout, j'ai retenu sept candidatures de classes de terminale (les élèves étaient en quatrième l'année de l'attentat) pour ce projet. L'idée était d'une part de recontextualiser les choses, de faire le point sur l'instruction et d'autre part, d'aller à sept audiences différentes du procès.

Pourquoi cette génération a-t-elle suivi une rumeur alors que Samuel Paty était un professeur respecté dans son établissement et que les élèves savaient pertinemment qu'il n'était pas raciste ? Comment oublie-t-on l'Humanité ? Néanmoins, certains ont cru à la rumeur et, ça, c'est un truc que je ne m'explique pas. Et ils savaient. Je voulais que cet échantillon de génération nous explique ce qui avait pu se passer. J'ai également besoin d'explications et pendant ces quatre années de travail, j'ai contenu ma colère qui d'ailleurs n'est pas juste parce que tous les élèves ne sont ni coupables ni responsables. J'ai eu des réponses terribles du type : "On se sent plus vivant dans quelque chose qui excite l'ensemble de la communauté, la cour de récréation, et on oublie ce qu'on pense soi-même." Ils m'ont aussi dit que "quand on colporte une rumeur, bien sûr qu'on oublie la personne humaine". On a beaucoup parlé du rapport à l'argent et aux réseaux sociaux. C'est ce que j'appelle "la génération Paty". À tort ou à raison. En tout cas, les élèves me l'ont dit : "On n'est pas tous responsables, la responsabilité c'est la société tout entière" et ils ont raison. Les professeurs se sont dits "réparés" par ce projet.

Pour moi, l'ensemble des élèves de quatrième ont la même histoire que ceux du Bois-d'Aulne, avec le confinement avant, le rapport aux réseaux sociaux à ce moment-là. On se crée alors une personnalité. Comment se fait-on un nom ? Comment acquiert-on une célébrité sur les réseaux sociaux ? On est très loin de qui on est vraiment.

On a eu des échanges extraordinaires. Et après, les élèves ont fait des comptes rendus d'audience avec leurs profs et ils ont répondu aux questions que je leur posais. On a fait une auto-édition avec les comptes rendus d'audience des lycéens, leurs réflexions et celles de leurs professeurs.

Je suis responsable du pôle pédagogique de l'association. Nos témoins sont très attachés à cette transmission dans les classes, sur les valeurs. Je n'ai pas voulu voir "la" photo de Samuel Paty. Tenter d'expliquer en paroles c'est dur mais les photos, je n'en supporte aucune. Je ne peux pas car ma fille a été blessée dans un attentat. Je sais ce que ça veut dire pour une victime que les photos circulent.

J'ai très mal vécu le procès des mineurs. Certains aspects ont été occultés. Par exemple, une collégienne a vu Anzorov sortir le couteau. Si elle l'a vu, comment les autres ne l'ont-ils pas vu ? Pourquoi n'a-t-on pas traité cette question au procès ? En revanche, le procès public a permis d'aborder les choses. Je l'ai trouvé équilibré.

Un procès pour l'avenir ? Oui, pour l'avenir du fils de Samuel Paty qui doit grandir avec l'assurance que la justice n'est ni indifférente ni un acte de vengeance. Oui, pour construire une passerelle au-dessus du précipice que l'assassinat de Samuel Paty a brutalement creusé entre les professeurs et les élèves. La justice a fait son possible pour que l'esprit des Lumières cher à l'enseignement l'emporte sur le cloaque des fausses rumeurs et de la haine. »

AfVT
Association française des Victimes du Terrorisme
Association française des Victimes du Terrorisme
@afvt_org
GÉNÉRATION PATY
Classes en audience
#Justice #SamuelPaty #AfVT #ClassesenAudience
On les emmène au procès, on recontextualise, on parle avec des victimes du terrorisme et on tente de répondre à des questions qui concernent leur génération.
C'était ça le projet « Classes en audience ».

Virginie Le Roy

Avocate des parents de Samuel Paty, de Gaëlle Paty et de sa famille

« Je n'ai eu aucune hésitation à défendre la famille Paty. Pour moi, ce dossier est particulier à plusieurs égards. Auparavant, j'étais intervenue dans plusieurs procès terroristes, "les procès de masse" : une frappe arbitraire sur un événement, un lieu, parce qu'il réunit beaucoup de personnes. L'attentat contre Samuel a visé un homme pour des raisons particulières, idéologiques. C'est une attaque contre un professeur parce qu'il a montré des caricatures, parce qu'il a insulté le Prophète. Dans cette attaque il y a une symbolique qui est beaucoup plus complexe : ce qui est visé, c'est la République, la laïcité, l'école, la liberté d'expression, le droit au blasphème, en un mot, ce qui fonde notre démocratie. Il y a *Charlie Hebdo* qui plane dessus aussi, forcément. Et puis l'école, centrale dans ce dossier, à la fois victime et auteure, victime parce qu'elle est frappée, auteure parce que les collégiens sont partie prenante dans cette histoire, et ce, à plusieurs titres. Cet attentat, c'est aussi une cartographie sociale à un moment donné, qui dit beaucoup de choses. Dans cette affaire, il y a tellement de choses à défendre qui font écho en moi, à ce en quoi je crois profondément et à toutes les symboliques que je mets dans ma robe.

L'ouverture d'un procès terroriste, c'est toujours un moment particulier. On sait qu'on entre dans un tunnel, et que les semaines à venir vont être suspendues dans le temps. Et puis, il y a ces moments-clés, notamment les dépositions de Bernadette et Gaëlle. Quand nos clients déposent, c'est comme si nous étions à la barre. Nous sommes suspendus à leurs lèvres. Et quand on se lève pour plaider, la première idée qui nous vient, c'est d'être à la hauteur de leurs espérances.

De l'audience, je garde le souvenir de témoins de la défense qui étaient tous plus caricaturaux et contre-productifs les uns que les autres et je pense que cela n'a pas été indolore sur la décision de la cour.

Les accusés avaient également de fortes personnalités pour la plupart. S'agissant des deux complices d'Anzorov, ils étaient ancrés dans leurs certitudes, en décalage avec la réalité du dossier alors qu'il y a une accumulation de preuves et d'indices sur lesquels ils n'ont pas donné d'explications : la recherche d'une arme – on ne cherche pas une arme pour promener son chien, on le fait dans un but bien précis, blesser ou tuer –, l'achat d'un couteau, des airsofts, les discussions nourries avec Anzorov, l'adhésion à l'idéologie radicale, les adieux, le transport à Conflans. La justice ne croit pas au hasard ni aux coïncidences malheureuses.

Il y avait par contre le témoignage inattendu et authentique de Gamaev. Ce moment où je l'interpelle sur les larmes de Gaëlle parce qu'il a le courage de se lever au milieu de tous pour reconnaître les faits. C'est le seul à l'avoir fait. Et d'ailleurs, les réactions de colère dans le box ont fusé et étaient presque menaçantes. Il fallait le confronter à la réaction de Gaëlle qu'il ne voyait pas. Il le fallait, parce qu'à partir du moment où il ouvre la porte à une certaine forme d'humanité (parce que c'est ça aussi reconnaître les faits vis-à-vis d'une victime), il faut s'engouffrer dans la brèche pour le confronter directement à cette humanité.

Le verdict a été très tendu. Les familles des accusés étaient là, à côté de la famille Paty, c'était électrique. C'était un verdict aux enjeux bien particuliers. Vu la complexité du dossier, je savais que cette décision allait être importante à bien des égards. Il fallait passer un pas : c'est tout le sens de la jurisprudence et c'est ce qui s'est produit. Nous avions vécu un moment très difficile avec les réquisitions et le positionnement du Parquet sur l'abandon de certaines qualifications qui nous tenaient à cœur. C'est pour cela que nous avons pris la décision de plaider sur les qualifications et les enjeux du procès, comme une sorte de "réquisitoire", et c'était un acte fort pour des parties civiles.

Les enjeux pour nous étaient clairs : voir reconnaître la culpabilité pour complicité d'assassinat terroriste de deux des accusés, et pour association de malfaiteurs terroriste des auteurs de l'engrenage qui a conduit à l'assassinat de Samuel.

Plus généralement, c'était exhorter la cour à rendre justice à Samuel d'abord, et protéger les professeurs, l'école, et nos socles démocratiques.

Nous avons eu beaucoup de débats sur l'infraction d'association de malfaiteurs terroriste. L'AMT [association de malfaiteurs terroriste, *nda*] est le fait de participer à un groupement ou à une entente en vue de la préparation d'actes de terrorisme. La première mission de la lutte contre le terrorisme, c'est de déjouer les attentats et donc, judiciairement, il fallait un outil, une infraction pour pouvoir condamner les actes préparatoires, en amont de l'acte terroriste lui-même. Parce que la condamnation pour acte de terrorisme suppose que l'infraction soit commise, ou à tout le moins un commencement d'exécution. C'est dans cet esprit que l'AMT a été créée, pour réprimer les étapes antérieures à la commission même de l'attentat.

Dans le cas du procès Paty, et c'est là l'intérêt de la décision qui a été rendue, il fallait pouvoir qualifier et sanctionner la "fatwa". Est-ce qu'on peut qualifier l'organisation et la diffusion d'une cabale ciblée, d'entente en vue de la préparation d'un acte terroriste ? C'était ça la question qui était posée à la cour et elle a répondu oui, l'acharnement, la campagne de haine ciblée et les appels à la sanction diffusés de manière très efficace et massive sur les réseaux sociaux constituent une association de malfaiteurs terroriste parce qu'ils devaient nécessairement engendrer une intervention violente d'un islamiste radicalisé.

Ce faisant la cour a pris la mesure de l'efficacité mortifère des réseaux sociaux en matière de terrorisme. Lors de l'audience nous y avons passé du temps, il y a eu plusieurs jours de décryptage de cette campagne, de son organisation par Chnina et Sefrioui : leurs messages WhatsApp, leurs vidéos, les conseils réciproques, les vocables qu'ils utilisaient, les motifs qu'ils invoquaient pour appeler à la sanction contre Samuel – qui n'étaient pas la discrimination des musulmans mais bel et bien l'atteinte au Prophète. Ce sont tous ces éléments qui ont permis à la cour de dire : "Oui, c'est une entente qu'ils ont formée en vue de la commission d'un acte terroriste."

Un procès pour l'avenir ? Il y a plusieurs lectures. J'y vois l'avenir de la famille Paty parce que c'est ça, en premier lieu. L'avenir de l'école ensuite, l'avenir de notre société vers une société autre. L'attentat contre Samuel a eu un écho particulier pour moi qui suis femme de loi. Je trouve que ce procès a permis de démontrer que la justice sait s'adapter au moment où il faut pour se saisir de sujets complexes qui résonnent au-delà de la salle d'audience.

Souvent on dit que la justice ne sert à rien. Évidemment, ce n'est pas un point de vue que je partage, sinon je ferais autre chose.

Je trouve que par ce verdict, l'institution judiciaire a envoyé un message fort : on ne touche pas à un professeur, on ne touche pas à l'école, on ne touche pas à ce qui fait notre socle, pour reprendre les mots du président, elle a pris en compte l'exceptionnelle gravité des faits qui constituent une atteinte irrémédiable aux valeurs de la République et de la laïcité. »

L'institution judiciaire a envoyé un message fort : on ne touche pas à un professeur, on ne touche pas à l'école, on ne touche pas à ce qui fait notre socle.

ouvent on dit que la justice ne
ert à rien. Évidemment, ce n'est
s mon point de vue, sinon je
erais autre chose.

ÉPILOGUE

Il fait nuit. Je sors rapidement du Palais après l'énonciation du verdict. Ces visages, ces pleurs, ces cris, ces sourires que j'ai vus et entendus dans cette salle comble. Je suis sonnée par ce moment qui clôt des semaines d'audience.

Sur le trottoir, une femme est là. Elle me demande si je suis bien Valérie Igounet et me prend dans ses bras tout en me disant : « Merci pour lui. » Elle est enseignante. Et ces quelques instants fugaces restent gravés dans ma mémoire comme tant d'autres partagés au cours de ce procès ou pendant nos interventions dans des salons du livre, dans des établissements scolaires devant les élèves ou lors de conférences destinées aux enseignants… accompagnés de ce « merci » qui ne cesse d'être formulé. Tu es d'accord, hein, Guy ?

L'idée de mettre des mots sur papier pour en faire un livre était loin d'être en moi ce 20 décembre 2024. Par contre, elle s'est rapidement imposée. Je considérais qu'il était indispensable de laisser des traces indélébiles, pour lui, pour eux, pour vous. Ne rien oublier. Il fallait que vous les « entendiez », les « écoutiez », les « voyiez » ou plutôt lisiez ces témoignages de la partie civile tout comme les interrogatoires des accusés pour saisir les sens de leur défense et la place qu'ils occupent dans cet engrenage fatal qui a conduit à l'assassinat de Samuel Paty.

Réaliser comment cette toile d'araignée n'a cessé de s'agrandir, de se solidifier à l'aide de toutes sortes de ramifications, dont celle essentielle des réseaux sociaux. Il en ressort une douleur indéfinissable, un traumatisme qui perdure à jamais et qui a détruit les vies des proches de Samuel Paty tout comme celles de victimes « indirectes », comme on les appelle. C'est encore dans de tels moments, si c'était nécessaire, que l'on se rend compte de l'onde de choc causée par l'assassinat de Samuel Paty. Des personnes, auxquelles nous aurions pu ne pas penser, ont été à leur insu un maillon de la chaîne et s'en sont trouvées dévastées.

Sans oublier évidemment le rôle fondamental de la justice française, de l'ensemble de ses représentants et du sens du verdict.

Enfin évidemment, découvrir le ressenti de Gaëlle et les dessins sublimes de « mon » dessinateur préféré.

Un procès pour l'avenir ? Attendons les suites judiciaires, dont l'appel début 2026. Mais pourquoi ne pas formuler un début de réponse ? Il se pourrait bien que oui. Les parties civiles et leurs avocats paraissent satisfaits de ce verdict. Après son énoncé, je revois Charlie serrer dans ses bras Gaëlle en lui soufflant : « On a gagné. »

Incarner un symbole, accompagné de notions républicaines, de valeurs démocratiques et intellectuelles, tellement malgré soi ; faire écho à des instants tragiques de notre histoire comme ceux des attentats de janvier et de novembre 2015, de l'assassinat de Dominique Bernard. Hélas, cette liste s'est allongée depuis.

Samuel Paty, je ne vous ai jamais rencontré. Mais peut-être d'une certaine manière, si. Vous étiez une personne qui aurait dû rester, en quelque sorte, anonyme. Mais des idéologies et des relais mortifères, des hommes radicalisés en ont décidé autrement. Ils vous ont inscrit à tout jamais dans l'histoire des victimes du terrorisme. Ce livre apporte peut-être une petite pierre à l'édifice des connaissances et des notions que vous désiriez transmettre à vos élèves…

ÉPILOGUE

Le procès de l'attentat contre mon frère s'est achevé il y a six mois à l'heure où j'écris ces quelques lignes en guise de conclusion. Je n'attendais rien de précis de ce dernier et pourtant il a tenu ses promesses. Écouter les détails de l'enquête, plonger dans les expertises psychologiques et psychiatriques, entendre les proches des accusés et surtout endurer sept semaines d'audience à leurs côtés, tout m'a permis de mieux comprendre les personnalités, les intentions et les actes de chacun. Et comprendre me permet aujourd'hui de regarder en face ce qu'il s'est passé, sans naïveté et sans concession, sans pardon non plus. Comprendre est une façon de sortir de cet état de sidération dans lequel je suis plongée depuis cinq ans, et me permet d'évacuer une colère froide, sourde, qui me rongeait de l'intérieur. Comprendre pour redevenir lucide et pouvoir me faire confiance pour éviter les amalgames, islam et islamisme ne seront jamais synonymes à mes yeux. Pas d'amalgame mais pas de compromis non plus : les diffuseurs de haine de toute idéologie me trouveront toujours sur leur passage.

De nombreux témoins proches de cette tragédie m'ont rapporté qu'ils avaient été réparés par ce procès. Je trouve ce mot si juste, si approprié à ce que je ressens aujourd'hui. Réparée et libérée par un verdict qui met l'accent sur la gravité absolue d'un attentat contre un professeur de l'école de la République. La justice a su trouver les mots et les arguments pour condamner fermement, sans trembler, ceux qui voulaient s'attaquer à un des piliers de notre République. Je suis soulagée et fière de mon pays qui a su être à la hauteur du choc profond que représente encore cet assassinat ignoble.

Enfin, comment ne pas parler de ces innombrables rencontres vécues au milieu de l'horreur et qui rendent la vie si précieuse : la responsable du bureau handicap de la cour d'appel de Paris qui m'a hébergée avec simplicité tous les midis dans sa petite salle sans fenêtre avec mon repas, l'équipe du collège du Bois-d'Aulne qui s'est tenue à mes côtés quasiment chaque jour, les lycéens venus assister à l'audience avec leur classe, les professeurs collègues de Dominique Bernard, des anonymes aussi. Beaucoup d'humanité rencontrée malgré la douleur, la violence et les larmes. Un chemin qui s'est ouvert pour retrouver l'insouciance des bonheurs simples. Aimer ses proches, aimer la vie, malgré tout…

REMERCIEMENTS

Mes premiers remerciements s'adressent à notre éditrice chez Flammarion, Sandrine Treiner, qui a accepté immédiatement ce projet et sans qui ce livre ne serait pas entre vos mains.

Merci à toi, mon ami Guy, de m'avoir suivie une nouvelle fois dans cette aventure éditoriale et à toi Gaëlle pour ta confiance.

Je pense évidemment aux hommes et femmes de la partie civile, à jamais liés à l'histoire de Samuel Paty, qui ont eu le courage de venir déposer et, donc, de revivre une nouvelle fois cette histoire terrible. Une pensée particulière pour vous, Bernadette…

Merci à Virginie Le Roy, Chantal Anglade et Joëlle Alazard qui, en plus de leur présence et de leur rôle au procès, nous ont accordé davantage de temps pour leur entretien.

Maîtres Antoine Casubolo Ferro et Virginie Le Roy, vous m'avez transmis vos plaidoiries ; toi, Joëlle Alazard, ta déposition. Je ne vous oublie pas.

Merci à tellement d'autres personnes qui se reconnaîtront.

Valérie Igounet

Merci à Valérie d'avoir suscité et porté ce projet original où textes et dessins s'entremêlent, à Gaëlle d'y apporter son témoignage, à Sandrine de l'avoir immédiatement accepté et encouragé, à toutes les personnes de Flammarion de contribuer à sa parution, et, au-delà, merci aux libraires qui constituent une des grandes richesses méconnues de ce pays.

Guy Le Besnerais

Je tenais à remercier mes partenaires dans ce projet d'écriture, Valérie Igounet et Guy Le Besnerais, sans qui je n'aurais jamais eu la force et le courage de prendre la plume pour raconter l'épreuve qu'a représentée ce procès pour moi.

Je voulais également remercier toutes les personnes bienveillantes et soutenantes que j'ai pu côtoyer pendant ces cinq années et notamment pendant le procès. Je pense notamment à l'association des professeurs d'histoire-géographie et sa présidente Joëlle Alazard, à ses membres qui organisent chaque année le prix Samuel-Paty, à l'équipe éducative du collège de Conflans-Sainte-Honorine qui s'est battue pour que le collège soit renommé collège Samuel-Paty en mars 2025, et à tous ceux qui ont accepté de témoigner au cours de l'audience pour rappeler que Samuel était un professeur compétent, attentionné et respectueux de tous.

Enfin, comment ne pas remercier ma famille, mon mari et mes trois enfants, qui ont également traversé ces cinq années d'épreuves avec moi. Je vous aime.

Gaëlle Paty

TABLE

Cet ouvrage a été mis en pages par

<pixellence>

CET OUVRAGE
A ÉTÉ ACHEVÉ D'IMPRIMER
PAR L'IMPRIMERIE NORMANDIE ROTO IMPRESSION S.A.S.
À LONRAI EN SEPTEMBRE 2025

*Les Éditions Flammarion sont investies dans une démarche active
pour l'empreinte environnementale de leurs parutions.
Ainsi, le livre que vous tenez entre vos mains a été imprimé en France
sur des papiers issus de forêts gérées durablement,
par un imprimeur engagé dans la protection de l'environnement.*

N° d'édition : 667637-0. N° d'impression : 2503698
Dépôt légal : octobre 2025
Imprimé en France